Les trois petits Mousquetaires

par

Emile DESBEAUX

PARIS
Librairie Ch. DELAGRAVE, 15, Rue Soufflot.

LES
TROIS PETITS MOUSQUETAIRES

PARIS. — IMPRIMERIE P. MOUILLOT, 13, QUAI VOLTAIRE, — 23450.

LES TROIS PETITS MOUSQUETAIRES

PAR

ÉMILE DESBEAUX

ILLUSTRÉ PAR E. BAYARD, MONGINOT, GIACOMELLI, ÉD. ZIEW, SEMECCHINI, VOGEL
FERDINANDUS, ETC.

GRAVURE DE MÉAULLE

PARIS
LIBRAIRIE CH. DELAGRAVE
15, RUE SOUFFLOT, 15

1882

LETTRE - PRÉFACE

PAR

M. ALEXANDRE DUMAS FILS

DE L'ACADÉMIE FRANÇAISE

A M. ÉMILE DESBEAUX

Cher Monsieur,

Si mon père vivait encore il serait très heureux de vous voir emprunter à l'un de ses livres le titre de votre nouveau récit pour les enfants.

Ce serait pour lui une consécration nouvelle, devant une nouvelle génération, du grand succès des Trois Mousquetaires.

Heureux les ouvrages auxquels on emprunte encore quelque chose trente ans après qu'ils ont paru!

Il ne me reste plus qu'à souhaiter à vos petits héros la bonne fortune de leurs aïeux, ce qui sera facile si leur père a été aussi bien inspiré que pour le Jardin de Mlle Jeanne[1].

Agréez, Monsieur et cher confrère, l'assurance de mes meilleurs sentiments.

ALEXANDRE DUMAS fils
DE L'ACADÉMIE FRANÇAISE

---

[1] Le *Jardin de Mlle Jeanne* auquel M. Alexandre Dumas fils fait allusion est un ouvrage de M. Emile Desbeaux couronné par l'Académie Française.

CHAPITRE PREMIER

Les adieux de M. de Champagnac père et le sac de voyage de Mme de Champagnac.

Le premier samedi du mois d'octobre 1873, un jeune garçon, habillé d'une étrange manière, s'arrêtait devant la porte d'un des grands lycées de Paris.

Son costume, dont l'aspect faisait retourner les passants, se composait d'une blouse de laine bleue, courte et sans ceinture, et d'un pantalon de velours noir, emprisonné dans de fortes guêtres de cuir qui montaient jusqu'aux genoux. Il était chaussé de solides souliers de chasse et coiffé d'un petit béret rouge, crânement incliné sur l'oreille gauche. Il portait deux paquets dont nous parlerons bientôt.

Cet enfant venait assurément de loin.

Après avoir regardé la façade du monument, il franchit le seuil de la porte et pénétra dans une pièce sombre où se tenait le concierge.

Là, sans hésitation, très hardiment, il dit, d'une voix sonore et méridionale :

— Je viens voir M. Delormel.

— M. Delormel, le censeur ? répondit le concierge d'un ton rauque, en toisant le nouveau venu. On ne le voit pas aussi facilement que ça. D'abord, qu'est-ce que vous lui voulez ?

— Ah ça ! répliqua le jeune garçon, qui ne semblait guère patient, êtes-vous M. Delormel, vous ? Non, puisque vous êtes son portier. Faites-moi donc conduire à lui, et sachez qu'il m'attend !

Le nom de portier, qui venait de lui être octroyé, et le sans-gêne extraordinaire avec lequel lui parlait l'inconnu, avaient fait rougir de courroux le digne fonctionnaire subalterne du lycée.

Il avait déjà fait un pas en avant et s'apprêtait à empoigner l'insolent par les épaules, afin de le jeter poliment dehors, quand il s'arrêta tout à coup.

Le jeune garçon, d'un air décidé, venait de déposer ses paquets, sans nul doute pour avoir les mains libres et dans la parfaite intention de se défendre.

Cette vue inspira au concierge les trois réflexions suivantes :

Premièrement : Sa loge allait devenir le théâtre d'une lutte, ce qui serait attentatoire à sa dignité ;

Deuxièmement : L'obstination de l'étranger pouvait être une preuve de la vérité de ses paroles ;

Troisièmement : Si ce petit bonhomme était réellement attendu par M. Delormel, qu'adviendrait-il de lui, concierge ?

Il ouvrit une porte.

— Ma foi ! allez-y vous-même, dit-il, c'est là-bas, au fond de la cour.

Et, pendant que l'inconnu passait devant lui avec une fierté superbe, le concierge grommela :

— Maintenant, qu'il s'arrange comme il pourra !

Avant de continuer notre récit, traçons en quelques lignes le portrait du jeune homme et disons qui il était et d'où il venait.

Figurez-vous un garçon de dix à onze ans, petit pour son âge, mais bien pris de taille, une figure ovale et d'un brun mat; le front légèrement bombé, couvert de cheveux noirs qui frisaient, le nez aquilin, correctement dessiné, et l'œil vif, intelligent et fin.

Si son costume et son accent ne l'eussent déjà révélé, sa physionomie disait clairement que notre inconnu était un enfant de la Gascogne.

Il arrivait, en effet, du département des Hautes-Pyrénées. Un soir, son père, M. de Champagnac, modeste gentilhomme qui habitait une petite maison aux environs de Tarbes, lui avait tenu ce discours :

« Mon fils, vous venez d'atteindre votre onzième année; votre éducation reste à faire. Je n'ai pu vous transmettre que quelques notions de calcul, de français et de latin. C'est, hélas! un bagage bien insuffisant. L'instruction est aujourd'hui une chose nécessaire pour tenir sa place dans le monde. Or, je veux que vous gardiez avec soin votre rang et que vous fassiez honneur au nom que vous portez. Je suis malheureusement un vieux soldat sans fortune. Je n'ai que ma retraite pour vivre, et ce n'est guère. Cela pour vous dire qu'il ne faudra compter que sur vous. Cependant votre mère a fait quelques économies; elles vous aideront à commencer votre éducation. Voici une lettre pour M. Delormel, qui fut mon ami d'enfance. Allez à Paris. Nul doute que M. Delormel, qui a débuté comme vous, ne vous accorde sa protection. »

Sur quoi, M. de Champagnac remit à son fils une lettre qu'il avait préparée, l'embrassa sur les deux joues et lui donna sa bénédiction.

Dans cette lettre, le vieux gentilhomme rappelait à M. Delormel leur ancienne amitié, et le priait d'obtenir une bourse au lycée pour son fils, Marius de Champagnac. Il pensait que cela serait chose facile. En attendant il mettait sous la même enveloppe les économies dont il avait parlé et qui se bornaient à quelques billets de cent francs, destinés à payer au moins la première année d'internat.

En sortant de la chambre paternelle, Marius trouva sa mère, que ce départ remplissait de chagrin. De ce côté, les adieux furent longs et tendres. Mme de Champagnac pleura abondamment, et M. de Champagnac fils, il faut le dire à sa louange, pleura tout autant que sa mère.

L'excellente femme confia à son fils une longue valise en cuir, qui avait appartenu à son mari et qui contenait des habits, des souliers et du linge.

Elle lui donna aussi un sac de voyage, renfermant quelques objets de toilette et des provisions de bouche.

Mais ce sac, que Marius connaissait depuis son enfance, était d'une forme non moins bizarre que sa couleur. Ce cabas antique, qui provenait de la bisaïeule de Mme de Champagnac, avait été jaune autrefois, complètement jaune, du haut en bas, sur toutes les faces et sur toutes les coutures; mais ce jaune maintenant était passé, usé, lavé, et tirait tantôt sur le vert pomme, tantôt sur le rouge tomate.

A la vue de cette chose informe, notre héros ne put s'empêcher de faire la grimace, ce qui montre qu'il avait du goût. Mais, ne voulant pas causer de peine à sa bonne mère, il se hâta de dissimuler cette fâcheuse impression, ce qui prouve qu'il avait du cœur.

Pour dire toute la vérité, Marius avait, en même temps, senti tomber dans sa poche un porte-monnaie dont l'épaisseur disait suffisamment que toutes les économies de Mme de Champagnac n'étaient pas contenues dans la lettre à M. Delormel.

Mme de Champagnac conduisit son fils au train qui partait pour Paris, et ce ne fut point sans de nouvelles larmes qu'elle lui dit un dernier adieu.

Elle lui promit pourtant de mettre de côté assez d'argent pour le faire venir aux vacances, sinon cette année-là, du moins l'année suivante.

Le voyage se passa pour Marius sans incidents; mais son premier pas dans la capitale fut marqué par un événement grave.

Il venait de descendre de wagon à la gare d'Orléans.

Stupéfié par l'aspect et assourdi par le bruit de la grande ville, n'osant, malgré tout son courage, s'élancer déjà au milieu de cette foule de gens qui allaient, venaient, couraient, se heurtaient, parlaient et criaient, il restait là, sans bouger. Tout brave que se croyait Marius de Champagnac, il lui semblait presque impossible de passer, sans être écrasé, à travers les voitures de toutes sortes qui se croisaient dans tous les sens. Il regardait, les yeux grands ouverts, en pensant qu'il rêvait encore.

Soudain, il se sentit frapper sur l'épaule.

Il se retourna et se trouva en face d'un monsieur qui lui offrit gracieusement de lui montrer toutes les curiosités de Paris.

— Il ne s'agit pas de cela, répondit Marius ; mais, puisque vous êtes un homme obligeant, indiquez-moi donc le moyen de me rendre à cette adresse.

En même temps, il tirait de sa poche la fameuse lettre paternelle.

Le monsieur la prit et, tout en lisant la suscription, il la palpa comme pour s'assurer du contenu.

Si Marius eût alors examiné la figure de son interlocuteur, il aurait vu une singulière expression y passer rapidement.

— Quelle chance vous avez, jeune homme, dit le monsieur ; je vais précisément de ce côté et je me ferai un plaisir de vous servir de guide. Venez avec moi. Je vais vous montrer le chemin.

Marius, sans défiance, se mit en route, grisé par l'aspect nouveau des choses qu'il voyait, répondant par monosyllabes à l'étranger, auquel il ne songeait pas à reprendre sa lettre.

Tout à coup, devant le pont d'Austerlitz, il se trouva pris dans un embarras de voitures. Un tramway, sonnant de la trompe, venait à grande vitesse du Jardin des Plantes pendant qu'un omnibus arrivait au galop du quai de la Gare, et que des camions, des haquets et des fiacres marchaient et couraient sur les côtés.

Enfin, il parvint à atteindre le trottoir. Là, il chercha son guide et ne le trouva point. Il revint sur ses pas, traversa la chaussée, alla à droite, à gauche, mais en vain.

Le monsieur avait disparu avec la lettre de M. de Champagnac père et les économies de Mme de Champagnac.

Ce personnage obligeant n'était autre qu'un adroit filou.

Marius n'était pas de nature à se désespérer longtemps.

— Bast! je saurai bien le retrouver, murmura-t-il avec une conviction toute gasconne. Le plus pressé maintenant, c'est de me rendre chez M. Delormel.

Et, comme il avait retenu l'adresse de l'ami de son père, il demanda son chemin à un premier gardien de la paix, puis à un autre, et c'est ainsi qu'il arriva au lycée dans la cour duquel nous l'avons laissé.

CHAPITRE II
L'antichambre de M. Delormel.

Mais la fatalité s'attachait décidément à notre jeune Gascon.

A peine avait-il fait quelques pas qu'il heurta avec sa valise, couverte de la poussière du voyage, un collégien à la figure hautaine, de grande taille et d'aspect vigoureux, qui était en train de jouer aux billes.

Celui-ci se retourna, épousseta soigneusement sa tunique du revers de sa main et dit à haute voix, en regardant M. de Champagnac fils :

— D'où arrive-t-il donc, celui-là ? Il m'a presque gâté ma tunique neuve. En voilà un maladroit !

Marius, qui allait s'excuser, sentit la colère lui monter au cerveau.

— J'arrive de mon pays, répondit-il vivement, et ce n'est pas pour vous servir.

— Tiens! tiens! reprit le collégien, je vois qu'il faudra vous donner une leçon de politesse, mon petit monsieur.

— Et moi, mon grand monsieur, je vois qu'il me faudra secouer à ma façon la poussière que j'ai mise sur un si bel habit.

Un soufflet allait être la réponse du grand collégien ; mais le bruit de la querelle et l'arrivée du nouveau, si drôlement accoutré, avaient attiré les autres élèves. Les maîtres d'étude s'approchaient.

Le collégien n'eut que le temps de murmurer à l'oreille de Marius :

— Si vous n'êtes pas un lâche, à la récréation de quatre heures, dans la petite cour !

Notre Gascon n'avait aucune idée de ce que pouvaient être et la petite cour, et la récréation de quatre heures ; cependant, il répondit sans se déconcerter :

— J'y serai !

Cela fait, il suivit un maître d'étude qui le conduisit à l'antichambre de M. Delormel, où il se passa les choses singulières que l'on va savoir.

Dans l'antichambre du censeur, plusieurs élèves attendaient.

Ils causaient à voix basse, mais semblaient attacher à leurs paroles une si grande importance qu'ils ne firent point attention d'abord au nouveau venu.

Celui-ci, par instinct et par politique, ne put s'empêcher de prêter l'oreille. Il se dit, sans doute, qu'il était bon de connaître les petits secrets de ceux dont il allait partager la vie. C'est pourquoi il s'assit dans un coin sans faire de bruit.

Le sujet de la conversation lui parut fort embrouillé. Cependant, il finit par apprendre qu'il s'agissait d'une grande querelle, survenue entre des anciens du lycée et des nouveaux.

Ces nouveaux étaient des Brésiliens et des Valaques, qui, affichant une prétentieuse supériorité, faisaient bande à part et traitaient les petits Français avec le plus grand dédain, chaque fois qu'ils en trouvaient l'occasion.

On citait les anciens qui avaient relevé le gant, et les noms qui revenaient le plus souvent aux oreilles de Marius étaient ceux de Georges de Montagny et de Léon Dubodan.

On vantait la juste bravoure du premier et la force herculéenne du second.

— Mais, dit un élève en se tournant vers un de ses camarades, toi aussi, mon petit Saint-Jean, tu étais mêlé à la grande bataille d'hier soir, et tu t'en es joliment tiré !

— C'est vrai ! dit un autre, on ne croirait pas, en te voyant, que tu as le poignet aussi solide. Il paraît que tu as donné une rude leçon à Grégory ?

— Vous vous trompez, messieurs, répondit très poliment celui qu'on avait appelé le petit Saint-Jean, et je ne sais ce que vous voulez dire. Je n'ai jamais attaqué personne et je suis d'un tempérament trop pacifique pour aimer les batailles.

— Nous savons une chose, riposta le premier élève, c'est que tu n'as pas coutume de te vanter de ce que tu fais ; mais nous savons aussi que tu étais hier avec Montagny et Dubodan quand ils se sont battus ; or, tu ne parviendras pas à nous persuader que tu les as laissés agir sans toi.

— La preuve que tu étais dans l'affaire, reprit l'autre, c'est que M. le censeur vient de te faire appeler.

— Cela ne prouve rien, dit Saint-Jean, puisqu'il n'a demandé ni Montagny ni Dubodan.

Au même instant, comme si un personnage invisible eût voulu donner un démenti à Saint-Jean, une grosse voix criait dans la cour :

« Les élèves Montagny et Dubodan chez M. le censeur! »

Il y eut un silence dans l'antichambre de M. Delormel. L'affaire devenait grave.

Évidemment, M. Delormel avait appris ce qui s'était passé et allait sévir contre les trois coupables.

Au bout de quelques secondes, un élève reprit la parole en élevant involontairement la voix :

— Montagny ne viendra pas, si ce qu'on dit est vrai.

— Que dit-on? demandèrent à la fois plusieurs élèves.

— Chut! messieurs, chut! fit Saint-Jean, nous ne sommes pas seuls.

En effet, au moment où la grosse voix avait appelé dans la cour Montagny et Dubodan, le petit Saint-Jean avait jeté prudemment un coup d'œil autour de l'antichambre et avait aperçu le jeune Gascon, qui se tenait dans son coin, prenant garde de souffler mot, et pensant bien que les secrets qu'il surprenait en pareille circonstance seraient plus propres à lui créer des ennemis que des amis.

Dès que Saint-Jean eut averti ses compagnons de la présence d'un intrus, tous les regards se fixèrent sur Marius.

On l'examinait des pieds à la tête.

Le costume de M. de Champagnac fils excitait vivement la curiosité des collégiens, qui maintenant l'entouraient.

Marius vit quelques sourires passer sur les visages et saisit quelques chuchotements railleurs.

Quoique notre Gascon eût eu, jusqu'à ce jour, assez bonne opinion de lui-même, il se trouva ridicule pour la première fois de sa vie.

Cependant, la colère lui monta bien vite à la tête, et, jugeant qu'il fallait mettre un terme immédiat à ces railleries, il chercha dans l'assistance la figure la plus moqueuse.

Il ne fut pas long à rencontrer celle de Saint-Jean.

Saint-Jean, qui n'avait guère qu'une douzaine d'années, était un garçon presque aussi joli qu'une fille.

Il avait la physionomie douce et claire, l'œil noir caché sous de longs cils, qu'il tenait souvent baissés, la bouche petite et rose et les cheveux peignés avec un soin extrême. Ses mains étaient blanches, ses ongles longs et bien taillés.

Un col très blanc et des manchettes dépassaient, malgré le règlement, sa tunique, coupée assurément par un autre tailleur que celui du lycée.

C'était pourtant ce Saint-Jean qui, malgré sa gentille apparence et sa coquetterie évidente, avait le solide petit poignet dont il a été parlé.

Aussi Marius, qui n'était pas un lâche, se rappela-t-il ce détail, en même temps qu'il remarquait sur les lèvres silencieuses de Saint-Jean un sourire de moquerie tout à fait éloquent.

Il se leva et alla droit à lui.

— Tel rit du costume qui n'oserait pas rire de celui qui le porte ! s'écria-t-il furieux.

L'accent avec lequel notre Gascon prononça ces paroles redoubla l'hilarité des collégiens.

Quant à Saint-Jean, il leva lentement ses yeux jusqu'à ceux de Marius, comme s'il lui eût fallu un certain temps pour comprendre qu'on lui parlait sur un tel ton. Puis ses sourcils se froncèrent; il allait répondre quand il aperçut le sac jaune, le fameux sac de voyage, que M. de Champagnac fils, en se levant, avait mis à découvert.

D'un geste à peine ébauché, il montra aux autres le sac phénoménal.

Les rires, quoique étouffés, reprirent de plus belle.

Marius, un peu décontenancé, s'écria de nouveau en avançant d'un pas :

— Eh ! dites-moi donc de quoi vous riez et nous rirons ensemble !

— Je ne vous parle pas, monsieur, dit enfin Saint-Jean avec une politesse exquise.

— Mais, je vous parle, moi ! répondit M. de Champagnac fils, exaspéré de ce mélange de dédain et de bonnes manières.

— Au fait, puisque vous paraissez tenir si fort à savoir pourquoi nous rions, mes amis et moi, je vais vous l'apprendre, dit avec douceur le petit Saint-Jean. C'est votre sac, qui est la cause de notre joie. Jamais, sur ma parole, nous n'avions encore vu de sac, d'une couleur aussi originale et d'une forme aussi surprenante. J'ajouterai que vous nous feriez un bien vif plaisir en nous donnant l'adresse du fabricant de cette sorte d'objets, afin que nous pussions nous en procurer de semblables!...

— Oui! oui! murmurèrent plusieurs voix moqueuses.

Saint-Jean, sans plus s'occuper du Gascon, avait tourné sur ses talons; mais Marius n'était pas, nous l'avons déjà vu, d'un tempérament à lâcher prise.

Il vint se placer brusquement devant son railleur et lui mettant le poing sous le nez :

— Insolent! murmura-t-il au comble de l'irritation, insolent! vous me payerez ça!

— Soit! dit Saint-Jean en rabattant le bras de l'agresseur et en le tenant solidement serré dans sa petite main, mais point ici!

— Où donc?

— A quatre heures, dans la petite cour, si cela peut vous être agréable!

C'était, on s'en souvient, le deuxième rendez-vous donné à M. de Champagnac fils à la même heure et au même endroit.

Il lui aurait donc été difficile d'oublier le premier.

Cette altercation avait causé un certain vacarme dans l'antichambre. Cela explique pourquoi M. Delormel ouvrit lui-même la porte de son cabinet et jeta un regard sévère sur les élèves. Il aperçut alors le jeune Gascon.

— Vous avez à me parler? dit-il.

Et, comme Marius s'inclinait, il le fit entrer dans son cabinet, après avoir recommandé le calme aux élèves.

M. le censeur, qui était pour le moment de fort méchante humeur, sourit néanmoins en voyant le costume de Marius et en entendant son accent. Mais ce sourire-là n'était pas moqueur. M. Delormel souriait en se rappelant sa jeunesse et son pays.

— Vous avez une lettre pour moi? dit-il: puis, tout à coup, faisant un signe de la main comme pour demander la permission de terminer une affaire commencée, il frappa sur un timbre.

Un maître d'étude survint.

— Montagny, Dubodan et Saint-Jean sont-ils là?

Le maître d'étude s'inclina.

— Faites-les entrer.

Georges de Montagny.

— Le hasard me favorise, se dit Marius, je vais voir ces fameux batailleurs dont on parlait dans l'antichambre.

Marius croyait n'en connaître qu'un, et, pour son malheur, il en connaissait deux. En effet, derrière Saint-Jean, il venait d'apercevoir le grand collégien qu'il avait heurté dans la cour et qui lui avait donné le premier rendez-vous.

Quand les deux élèves furent entrés et que la porte fut refermée, M. Delormel regarda d'un œil si sévère Dubodan et Saint-Jean que Marius en trembla lui-même.

— Savez-vous, messieurs, dit-il, qu'il est temps de mettre un terme à ces disputes, à ces batailles qui mettent le lycée en révolution depuis la rentrée des classes. Des anciens se sont posés en antagonistes de quelques nouveaux, et sous quel prétexte? je vous le demande. Parce qu'ils sont étrangers : Brésiliens ou Valaques.

Un fin sourire se dessina sur les lèvres de Saint-Jean.

M. Delormel l'aperçut et s'arrêta un instant.

— Je ne veux pas vous donner tous les torts, reprit-il, je n'ignore pas que ces nouveaux sont d'un caractère inquiet et emporté. Ils connaissent mal nos usages et prennent trop facilement peut-être vos plaisanteries pour des injures. Mais ils sont excusables, par cela même qu'ils sont étrangers. En tout cas, ce n'est pas à vous de vous poser en redresseurs d'injustices et en défenseurs du bon droit. C'est affaire seule à vos maîtres. Entendez-le et retenez-le pour la dernière fois. M. le proviseur m'a signifié ce matin qu'il serait forcé de vous renvoyer à vos familles si le scandale d'hier et des jours précédents se reproduisait.

— Si M. le proviseur nous renvoie, sera-t-il forcé de renvoyer les étrangers? demanda naïvement Dubodan.

Un autre sourire, aussi fin que le premier, éclaira la physionomie de Saint-Jean.

— M. le proviseur, continua M. Delormel sans répondre directement à Dubodan, mais en regardant le petit Saint-Jean, protège les étrangers, je le sais bien. Mais, en cela, il a raison, car ces pauvres enfants, éloignés de leur patrie et de leurs familles, ont besoin d'une grande sollicitude. Pour moi, je ne protège personne, ajouta le digne censeur, qui ne voulait pas avouer sa préférence marquée pour ses petits Français, et je veux maintenir la discipline parmi vous. Vous êtes avertis que si l'on se bat encore, j'exécuterai les ordres de M. le proviseur.

Les deux élèves se tenaient respectueusement debout devant M. Delormel. Ils songeaient au chagrin de leurs familles s'ils étaient renvoyés, mais ils pensaient aussi qu'il serait bien dur d'être attaqués par les Brésiliens et les Valaques sans pouvoir se défendre.

M. Delormel, voyant leur air attristé, voulut ajouter quelques mots :

— Mes enfants, dit-il, vous qui êtes les plus intelligents, donnez donc l'exemple. Soyez patients, soyez bons camarades, et rappelez-vous que les coups n'ont jamais rien prouvé. D'ailleurs, dans ces luttes déplorables, vous ne pouvez pas être les plus forts.

A ces paroles, Dubodan se redressa fièrement.

— Oui, je sais que vous, Dubodan, continua le censeur, vous êtes assez solide, et que vous, Saint-Jean, vous êtes moins faible que vous ne semblez l'être (Saint-Jean baissa modestement les yeux); quant à Montagny... Mais je ne vois pas Montagny, où est-il?

— Monsieur, répondit tristement Saint-Jean, il est à l'infirmerie, malade, fort malade!

— On craint qu'il n'ait la coqueluche! dit à son tour Dubodan.

— La coqueluche? à son âge! que me contez-vous là? Non pas. Il s'est encore battu. Il a sans doute reçu un méchant coup. Ah! si je le savais!

A ce moment, la porte s'ouvrit et Georges de Montagny parut.

Notre ami Marius de Champagnac avait alors devant lui Paul de Saint-Jean, Georges de Montagny et Léon Dubodan, qui étaient destinés à jouer dans sa vie un si grand rôle.

Il fût tombé si Dubodan et Saint-Jean ne l'eussent soutenu.

CHAPITRE III

L'épaule de Montagny et le voleur de Marius.

L'élève qui entrait dans le cabinet du censeur, et qui se nommait Georges de Montagny, plaisait à première vue. Ses traits étaient distingués, nobles et corrects. Son regard calme, reposé, clair, semblait contenir plus de gravité que ne le comportait son âge, car Georges de Montagny n'avait guère plus de quatorze ans. En le voyant, M. Delormel ne put se défendre d'un mouvement d'intérêt. Georges de Montagny était, en effet, un des élèves les plus intelligents, les plus sérieux et les plus travailleurs du lycée.

— Vous m'avez fait appeler, monsieur? dit-il d'une voix tranquille, mais affaiblie.

— Oui, mon ami, oui, afin de vous gronder avec vos inséparables amis Saint-Jean et Dubodan. J'ai ordre du proviseur, sous les menaces les plus sévères, de faire cesser ces batailles qui scandalisent le lycée. Je m'étonne aussi que vous, un garçon sérieux, vous vous trouviez mêlé à cette affaire. Ce sont vos amis qui vous entraînent probablement, mais c'est à vous que je fais appel pour user de votre influence sur eux; à vous, Montagny, que je connais pour le plus raisonnable.

En terminant cette phrase, M. Delormel, qui marchait de long en large dans son cabinet, s'était approché de Montagny, et, d'un geste paternel, il lui frappa légèrement sur l'épaule.

Si légère qu'eût été cette pression amicale, Georges de Montagny n'en ressentit pas moins une vive douleur. Il devint affreusement pâle.

— Qu'avez-vous? s'écria M. Delormel.

Et, comme Montagny gardait le silence, le censeur interrogea du regard les deux autres élèves.

Saint-Jean avait les yeux baissés et ne répondit pas. Quant à Dubodan, il indiqua de la main sa propre épaule.

— Ah! je comprends, il est blessé. C'est vrai! Ne me disiez-vous pas tout à l'heure qu'il était à l'infirmerie et qu'on le traitait pour la coqueluche? Mais je le pressentais : il s'est battu et maintenant il a l'épaule foulée, démise peut-être?...

Au même instant, Georges de Montagny, qui avait rassemblé toutes ses forces pour descendre de l'infirmerie à l'appel du censeur, se sentit vaincu par la douleur. Il ferma les yeux, chancela et fût tombé, si le vigoureux Dubodan et l'adroit petit Saint-Jean ne l'eussent soutenu et déposé dans un fauteuil.

— Le docteur! cria M. Delormel en ouvrant lui-même la porte de l'antichambre, qu'on aille le chercher au plus vite!

A ces mots, ceux qui étaient là entrèrent dans le cabinet du censeur sans que celui-ci songeât à en fermer la porte à personne, et chacun s'empressa autour du blessé. Mais cet empressement eût été inutile si le docteur demandé ne se fût trouvé dans le lycée même.

Il fit transporter Montagny dans une chambre voisine où M. Delormel le suivit.

Alors le cabinet du censeur, cet endroit ordinairement si respecté, devint momentanément la succursale de l'antichambre. Chacun demandait et attendait des nouvelles.

Enfin, le censeur revint. Le docteur avait déclaré que l'état du jeune homme n'avait rien d'inquiétant. Tout le monde se retira, excepté Marius de Champagnac, qui, avec sa ténacité de Gascon, demeura à la même place, attendant que M. Delormel voulût bien reprendre l'entretien à peine commencé et si brusquement interrompu.

Quand le censeur se retrouva seul avec Marius, il se rappela qu'il avait devant lui un compatriote, mais il ne savait encore ni qui il était, ni ce qu'il voulait.

Il l'interrogea sur ces deux points :

— Mais, répondit fièrement notre Gascon, je suis Marius de Champagnac, le fils de votre ami d'enfance.

Ce nom ne fit pas sur M. Delormel l'effet auquel Marius s'attendait.

Le censeur chercha dans ses souvenirs.

— Champagnac? Ah! oui, dit-il enfin, je me rappelle... mais il y a si longtemps de cela... Champagnac! répéta-t-il, oui, nous fûmes élevés ensemble.

Et, jetant les yeux sur celui qui évoquait ainsi sa jeunesse, il lui sembla retrouver quelques traits paternels dans la physionomie de l'enfant.

— Eh bien, lui dit-il alors familièrement, que veux-tu de moi, mon petit ami?

— Je veux entrer dans votre lycée.

— Quel âge as-tu?

— Onze ans.

— Et que sais-tu?

— Pas grand'chose, à ce que disait mon père.

— Et qui donc t'a amené à Paris!

— Personne.

Cette réponse fit sourire M. Delormel. Elle lui rappelait qu'il était arrivé seul autrefois, lui aussi, dans la grande ville.

— Mais tu as au moins, pour moi, une lettre de ton père?

— Hélas! monsieur, j'en avais une, mais je n'en ai plus!

— Que veux-tu dire?

— Je veux dire qu'on me l'a perfidement dérobée, avec les billets de banque qu'elle contenait.

A ces mots, M. Delormel dressa l'oreille et se demanda si, par hasard, son compatriote n'était pas un précoce aventurier, venu pour lui soutirer quelque argent.

Cependant, comme il avait demandé les détails du vol de la lettre, il fut charmé de la chaleur et de la vérité que mit M. de Champagnac fils dans le récit de sa mésaventure.

— Et combien y avait-il de billets de banque dans cette lettre? demanda-t-il.

— Je ne pourrais vous le dire au juste, monsieur, répondit Marius; tout ce que je sais, c'est que ma mère avait fait assez d'économies pour payer ma première année d'internat, économies qu'elle sera longue à réaliser de nouveau.

— Mais alors que comptez-vous faire? dit M. Delormel, qui avait abandonné sa familiarité.

— Je compte, riposta M. de Champagnac fils, avec son aplomb aussi admirable que naïf, vous prier d'obtenir immédiatement la bourse que mon père vous demandait pour moi. Une fois cette faveur acquise, qu'importera l'argent perdu? D'ailleurs, cet argent se retrouvera; mon instinct me le dit.

M. Delormel, qui examinait attentivement son jeune interlocuteur, ne savait pas encore à quoi s'en tenir sur son compte.

Cette physionomie pétillante d'esprit le rassurait médiocrement.

— L'obtention d'une bourse, dit-il, est, comme vous le disiez vous-même, une faveur, et une grande faveur. Mais je vais faire pour le fils de mon ancien ami, car je tiens pour vraie l'histoire de la lettre volée, toutes les démarches nécessaires. En attendant le résultat espéré, vous resterez ici, où vous logerez, toutefois avec l'agrément de M. le proviseur.

Il sembla à M. Delormel que le Gascon faisait, à ces paroles, un mouvement de dépit.

Certes, le digne censeur se trompait, nous en sommes sûrs, nous qui suivons Marius depuis son départ de Tarbes. Cependant, voulant l'éprouver une dernière fois, M. Delormel lui dit :

— Pendant que je serai auprès de M. le proviseur, vous irez faire votre déclaration au commissaire de police, afin de lui permettre de rechercher votre voleur. Je vais, du reste, vous recommander au commissaire du quartier, qui s'occupera spécialement de vous.

Et M. Delormel, laissant son jeune compatriote dans l'embrasure de la fenêtre où ils avaient causé ensemble, alla s'asseoir devant son bureau et commença d'écrire la lettre de recommandation promise.

Pendant ce temps-là, M. de Champagnac fils se mit à regarder dans la rue à travers les vitres de la fenêtre.

Le censeur, après avoir écrit la lettre et l'avoir cachetée, se leva et s'approcha du jeune homme pour la lui donner ; mais, au moment même où il tendait la main, il fut fort étonné de voir son protégé faire un soubresaut de surprise, puis se retourner et s'élancer vers la porte, au risque de renverser du monde, en criant :

— Ah ! parbleu ! il ne m'échappera pas !

— Qui donc ? eut le temps de demander M. Delormel, stupéfait.

— Lui, mon voleur ! répondit Marius.

Et il disparut.

— Diable de Gascon ! murmura M. Delormel, ou aventurier bien malin ! Mais je vais savoir dans quelques heures la vérité sur lui.

Et le censeur rédigea une dépêche pour son vieil ami de Champagnac, dépêche qu'il fit porter immédiatement au bureau télégraphique.

Dans ce télégramme, il racontait, en les résumant, les aventures arrivées à Marius et demandait à M. de Champagnac père de vouloir bien confirmer l'identité de son fils.

La réponse ne se fit pas attendre. M. de Champagnac affirmait la sincérité de Marius et annonçait une lettre explicative par le premier courrier.

M. Delormel, rassuré, se promit de devenir le protecteur du pauvre enfant, qui se trouvait à Paris sans nul appui. Et l'on peut être certain qu'il fit son possible pour se tenir parole à lui-même.

Cependant Marius de Champagnac avait descendu l'escalier et s'élançait dans la cour lorsque, emporté par sa course, il alla donner tête baissée dans un élève qui sortait de chez le censeur par une porte de dégagement.

Il heurta du front cet élève à l'épaule, et l'élève poussa un cri semblable à un hurlement.

— Pardon! dit Marius, essayant de reprendre sa course, pardon! mais je suis très pressé.

A peine avait-il fait un pas qu'il se sentit rattrapé par une main de fer.

— Ah! vous êtes pressé! s'écria l'élève. Vous me heurtez brutalement parce que « vous êtes pressé », vous me jetez un « pardon » du bout des lèvres et vous croyez en être quitte! Mais vous n'êtes pas M. Delormel, vous, mon petit!

— Ma foi! répliqua Marius, en reconnaissant Georges de Montagny, qui, après le pansement opéré par le docteur, regagnait l'infirmerie, je vous ai heurté sans le faire exprès et je vous en demande pardon. Si vous n'êtes pas content, vous êtes bien difficile. Que vous faut-il de plus?

— Monsieur, dit Montagny en lâchant Marius avec dédain vous n'êtes pas poli. On voit que vous venez de loin.

Marius avait déjà repris sa course; mais, à la remarque de Montagny il s'arrêta net.

— Oh! oh! fit-il, de si loin que je vienne, ce n'est pas pour vous faire de plus amples excuses. Et si je n'étais pas si pressé, si je ne courais pas après quelqu'un...

Il se sentit attrapé par une main de fer.

— Eh bien, vous pourrez me trouver sans courir, moi, si vous voulez!

— Je veux bien. Où cela?

— Dans la petite cour.

— A quelle heure?

— A quatre heures.

— Bon! on y sera! cria Marius de Champagnac en se remettant à courir comme si le diable l'emportait. Dans sa course, il passa devant le concierge avec une telle furie que ce fonctionnaire, ébahi, ne songea même pas à lui barrer le passage.

Une fois dans la rue, il regarda de tous les côtés, courut dans un sens, revint sur ses pas, entra dans une deuxième rue, en parcourut une troisième, mais rien ne se trouva, rien absolument.

Cependant cette course furibonde lui fut profitable. Après la colère, la raison lui revint, et il se mit à réfléchir sur les événements qui venaient de se passer ; ils étaient nombreux et néfastes :

A peine débarqué, on lui volait et sa lettre et son argent. Arrivé au lycée il se disputait avec le portier. Entré dans la cour, il se faisait un premier ennemi de Dubodan. Entré dans l'antichambre, il se faisait un deuxième ennemi de Saint-Jean, et sorti du cabinet, il causait une telle douleur à ce pauvre Montagny que celui-ci, n'acceptant pas ses excuses, voulait, comme ses deux inséparables amis, régler ses comptes lui-même et de façon sérieuse.

Et alors notre Gascon, récapitulant sur ses doigts les terribles rendez-vous, murmura :

— 1° Léon Dubodan, 2° Paul de Saint-Jean, 3° Georges de Montagny.

Puis, se rappelant que ces trois rendez-vous étaient donnés à la même heure et dans « la petite cour », il ne put s'empêcher de rire en se disant :

— La petite cour ! la petite cour ! Il faut, au moins, que je sache, où cela se trouve !

Comme l'heure solennelle allait bientôt sonner, et comme il n'avait aucune chance de mettre la main sur son voleur, Marius de Champagnac reprit le chemin du lycée.

L'honorable concierge du lycée était si abasourdi par les façons d'entrer et de sortir extravagantes de Marius de Champagnac qu'il ne trouva rien à dire quand notre Gascon traversa de nouveau sa loge, la tête basse, plongé dans ses réflexions et, par conséquent, sans faire aucune attention au père Vaux : Vaux étant le nom patronymique du portier.

Lorsque Marius arriva dans la cour du lycée, les élèves étaient en classe. Il se trouvait donc seul quand il s'avisa qu'il lui fallait découvrir l'endroit du fameux rendez-vous.

M. de Champagnac fils, qui n'était point, comme on a déjà dû le remarquer, un enfant ordinaire, se dit qu'il était prudent de ne pas mettre la curiosité des élèves en éveil par ses questions. Il se mit à examiner les lieux avec attention. Malheureusement, son examen fut promptement terminé. Dans la cour où il était, aucune trace de porte, pouvant donner sur une petite cour, ne se laissait voir.

Le dépit commençait à s'emparer de Marius, quand il aperçut, traversant la cour, un garçon en bras de chemise, coiffé d'une casquette galonnée, qui poussait une brouette chargée de deux ou trois balais.

— Où peut aller cet homme? se dit Marius, en se dirigeant de son côté d'un air indifférent, tout en se promettant bien de l'interroger.

Mais lorsqu'il fut à quelques pas du domestique, celui-ci s'arrêta de lui-même et, posant sa brouette, il dit :

— Je parie, monsieur, que nous sommes pays. Je vois ça à votre costume.

— Je suis de Tarbes, répondit aussitôt Marius, satisfait d'entamer si facilement la conversation.

— Et moi de Marcadieu; ça se touche! Ah! je suis bien content de voir quelqu'un de là-bas !

— Et moi, de même, mon brave ! répondit M. de Champagnac avec son fin sourire.

Alors le garçon de cour se mit à parler patois. Marius riposta dans le même langage, et, du coup, il compta un ami dans la place.

Cependant, il n'avait pu encore savoir ce qu'il voulait. Soudain, le domestique, qui se nommait Pascalon, s'écria en reprenant sa brouette :

— Oh! pardon! il faut que je vous quitte. La cloche va sonner la récréation de quatre heures, et ces ustensiles doivent être serrés avant la sortie des classes.

Marius eut le temps d'ajouter :

— Où donc allez-vous ranger ça?

— Dans l'enclos qui sert aux débarras, dans la petite cour.

Et, sur ce, il s'éloigna.

Mais Marius avait entendu. Le domestique se rendait à la petite cour; il ne s'agissait plus que de le suivre.

Il le vit alors enfiler un large couloir qui longeait les classes du rez-de-chaussée. Au bout de ce couloir, il s'arrêta, prit une grosse clef dans un trousseau qu'il portait à sa ceinture et ouvrit une porte. Une lumière vive arriva jusqu'à Marius. Derrière cette porte, il venait d'apercevoir la petite cour. Mais déjà Pascalon avait déposé ses instruments et refermé la porte à double tour.

— Au revoir, monsieur Marius, dit-il en repassant devant le jeune homme.

— Au revoir, Pascalon, répondit M. de Champagnac, fort désolé.

Dès que le domestique fut parti, notre Gascon se hâta d'aller regarder la porte. Elle était fermée par de gros verrous, qu'il ne fallait pas songer à forcer.

— Comment faire? se disait Marius. Et pourtant, ils sauront bien pénétrer dans cette maudite cour, eux, j'en suis certain. Voyons donc!

A ce moment, il avisa une deuxième porte, tout près de la première. C'était, selon toute évidence, la porte d'une étude. Marius appliqua son oreille contre le bois, et n'entendit rien. Doucement, tout doucement, il tourna le loquet, entr'ouvrit la porte et se trouva dans une salle vide.

Il courut à la fenêtre; elle était trop élevée pour qu'il pût voir au travers des carreaux.

Mais, comme il n'était jamais embarrassé, il monta sur les pupitres, et, alors, il laissa échapper un cri de joie. La fenêtre était à cheval sur le mur de la petite cour. Il l'ouvrit sans bruit et, regardant si personne ne pouvait le voir, il passa d'abord sa tête, puis ses épaules, puis tout son corps. Enfin, il disparut.

Marius venait, au risque de se faire quelque blessure, de sauter dans la petite cour!

Marius se laissa tomber dans la petite cour.

CHAPITRE IV

La petite cour

Quatre heures sonnèrent à l'horloge du lycée; en même temps, la cloche envoya gaiement en l'air une fusée de ses notes de bronze.

Les portes des études s'ouvraient avec fracas. Les élèves sortaient en se bousculant, criaient, riaient, allaient au pain, puis s'élançaient dans la cour, organisant des jeux, pendant que les grands commençaient à se promener par groupes, mangeant leur pain avec du fromage ou des confitures que leur vendait la femme du concierge.

Marius de Champagnac, assis sur une pierre, attendait dans la petite cour.

Tout à coup il lui sembla qu'on essayait d'ouvrir la porte du couloir.

Il eut peur alors d'être surpris par un maître d'étude ou un inspecteur, auquel il lui serait assurément fort difficile d'expliquer sa présence en pareil endroit.

Pourtant il fit bonne contenance et ne chercha pas à se cacher.

La porte s'ouvrit, et le personnage qui apparut n'était autre que Georges de Montagny.

Celui-ci sembla très étonné d'apercevoir Marius.

— Comment donc avez-vous fait pour entrer? ne put-il s'empêcher de dire.

— La porte étant fermée, répondit Marius, j'ai pris le seul chemin que j'aie trouvé.

En même temps, il tournait les yeux vers la fenêtre, dont on voyait la partie supérieure entre-bâillée derrière le mur.

— Ah! ah! fit Montagny, vous avez l'esprit inventif, jeune homme, et je vois avec plaisir que vous ne tenez pas à manquer les rendez-vous qu'on vous donne.

M. de Champagnac fit un petit signe de tête affirmatif.

— Cette façon d'agir, continua Montagny avec son grand air calme et sérieux qui ne l'abandonnait jamais, vous gagnera mon amitié, lorsque vous vous serez expliqué sur votre singulière précipitation de tantôt.

En disant ces mots, Montagny porta la main droite à son épaule gauche.

— Je m'expliquerai quand vous voudrez, dit Marius, mais il me semble qu'il vaudrait mieux remettre cette explication à plus tard.

— Est-ce que vous auriez peur? dit Montagny en fronçant les sourcils, avec une marque de mépris.

— J'ai peur, en effet, de vous faire du mal, répondit Marius, et, s'il vous plaisait d'attendre que vous fussiez guéri, je resterais toujours à votre disposition.

Les sourcils de Montagny se détendirent.

— Mais voilà, dit-il, qui sent son gentilhomme, et je vois que nous ferons un jour une paire d'amis.

— Je le souhaite, dit Marius.

A ce moment, la porte s'entr'ouvrit de nouveau.

— Qui donc peut venir? murmura Montagny non sans une certaine inquiétude.

Mais, à la vue de Léon Dubodan, il ne put retenir un geste de surprise.

— Que viens-tu faire ici? dit-il en s'avançant vers le nouveau venu.

— Régler un petit compte avec monsieur! répondit Dubodan de sa grosse voix très franche.

— Comment, toi aussi?

Et Montagny se tourna vers Marius, qu'il interrogeait du regard.

— Monsieur est même le premier en date, dit tranquillement notre Gascon. Et vous, monsieur, vous ne venez qu'au troisième tour.

— Quoi! il y en a encore un autre?

— Justement, le voici.

Et Marius montrait Saint-Jean, qui entrait dans la petite cour, sans se presser et en mangeant son pain du bout des lèvres, le petit doigt en l'air.

— Enfin, qu'est-ce que cela signifie?

— Cela signifie, répondit Marius sans se déconcerter, que j'ai eu le malheur de vous être désagréable à tous les trois et que je suis enchanté de vous trouver réunis pour vous offrir mes excuses...

— Oh! des excuses! interrompit dédaigneusement le grand Dubodan.

— Attends donc, dit Montagny, tu vois bien qu'il n'a pas terminé sa phrase.

Marius remercia Montagny du regard et continua :

— Oui, je vous offre mes excuses de ne pouvoir vous rendre raison à tous les trois en même temps; mais je serai successivement à vos ordres.

— Ma foi! s'écria Montagny, vous m'allez tout à fait, jeune homme, avec vos petits airs de chevalier d'autrefois, et je serais désolé que nous fussions plus longtemps en querelle. Quel est votre avis, Saint-Jean et Dubodan? continua-t-il en s'adressant à ses deux camarades, sur lesquels il paraissait avoir un réel ascendant.

— Notre avis sera le tien.

— Eh bien, alors, votre nom, jeune homme?

— Marius de Champagnac.

— Marius de Champagnac, dit Montagny en tendant la main au jeune Gascon, soyons amis!

— Soyons amis! reprirent Saint-Jean et Dubodan en imitant leur camarade.

Marius pressa avec une effusion toute méridionale les mains qu'on lui offrait, et, pour la première fois depuis son arrivée à Paris, il se sentit singulièrement ému.

— Maintenant, dit Saint-Jean, que la prudence n'abandonnait jamais, nous n'avons plus rien à faire en cet endroit; rentrons dans la grande cour.

— Saint-Jean a raison, allons-nous-en!

— Mais, se hasarda à dire alors notre ami Marius, vous avez donc une clef de la porte du couloir?

— Oui, répondit en baissant les yeux le petit Saint-Jean, oui, une clef que j'ai trouvée par hasard.

Mais, au moment où ils allaient atteindre cette porte, qu'ils avaient laissée tout contre, voilà qu'elle s'ouvrit pour laisser passage à cinq collégiens, dont les visages et les allures dénonçaient l'origine étrangère.

Les deux camps étaient en présence.

Ils s'avançaient, l'air furieux, sur Dubodan, Montagny et Saint-Jean.

— Ah! s'écria le plus grand d'entre eux, c'est ici qu'il faut venir vous chercher aujourd'hui! Vous avez donc peur de nous maintenant, puisque vous vous cachez si bien?

— Oui! oui! ils ont peur! crièrent les autres.

Déjà Dubodan avait levé son large poing sur l'agresseur, et déjà Saint-Jean avait retroussé avec soin l'extrémité de sa manche droite, quand Montagny intervint :

— Grégory, dit-il en s'adressant au grand collégien, tu as tort, deux fois tort, d'abord en disant que nous avons peur, — car tu sais bien toi et tes amis, surtout Régil et Garcias, que ce n'est pas vrai, — ensuite en venant encore une fois nous chercher querelle. M. le censeur nous a donné un avertissement assez sérieux aujourd'hui pour que nous l'écoutions, et nous te déclarons que nous voulons faire cesser ces sottes batailles.

— Je vous le disais bien, s'écria celui qu'on venait d'appeler Grégory, en prenant ses camarades à témoin, je vous le disais bien, ce sont des lâches!

— Oui, ce sont des lâches! répétèrent Régil, Garcias et les deux autres collégiens.

— C'en est trop! dit Saint-Jean, qui, reculant d'un pas, se mit en défense et qui fut imité en cela par Dubodan et par Montagny lui-même.

— Des lâches! murmura Montagny, des lâches quand nous sommes trois contre cinq!

— Pardon, reprit Marius en se rangeant du côté de ses nouveaux amis, il me semble à moi que nous sommes quatre.

— Décidément, vous êtes un brave! dit Montagny, qui s'écria ensuite :

— Eh bien, puisqu'on nous y force, Dubodan, Champagnac et Saint-Jean, défendons-nous!

Les deux camps étaient en présence.

A l'instant où les étrangers allaient fondre sur les Français, un bruit se fit entendre, venant de la porte. Évidemment, on ne s'apercevait pas qu'elle n'était que poussée et on introduisait une clef dans la serrure.

Les assaillants s'arrêtèrent.

— Nous sommes pris! murmurèrent-ils, ce doit être l'inspecteur!

— Et nous serons renvoyés! soupira Dubodan.

Champagnac fit un geste de la main.

— Par là, dit-il en leur montrant la fenêtre à demi-ouverte au-dessus du mur, et en leur indiquant une échelle disposée dans un coin.

Les étrangers avaient déjà compris. En quelques secondes, ils dressèrent l'échelle et disparurent par la fenêtre.

Montagny, Dubodan, et Saint-Jean s'étaient seulement rapprochés du mur.

— Mais montez donc! leur souffla Marius.

— Et vous?

— Moi, je réponds de tout, Partez!

M. de Champagnac prononça ces mots avec un accent de supériorité si convaincant que les trois amis n'hésitèrent plus.

Heureusement pour eux, la porte s'ouvrait du côté opposé au mur, et la force de Dubodan aida à une retraite rapide.

Marius, après avoir remis l'échelle à terre, s'était vivement avancé du côté de la porte, qui enfin avait cédé.

Mais notre malin Gascon avait déjà reconnu, à un bout de casquette, l'identité du visiteur intempestif.

Ce visiteur était tout simplement Pascalon, qui venait, la récréation allant finir, reprendre ses ustensiles de travail.

— Vous ici! s'écria le garçon de cour avec une stupéfaction indescriptible. Par quel miracle avez-vous pu y pénétrer?

— Comment y entrez-vous vous-même? répondit avec une mine fort naïve M. de Champagnac.

— Dame! par la porte! Ah! j'y suis! s'écria Pascalon en se frappant le front, je l'aurai encore mal fermée! C'est la faute de cette vieille serrure, qui se détraque de plus en plus depuis quelque temps. Je comprends pourquoi, tout à l'heure, je tournais et retournais ma clef sans parvenir à ouvrir.

— Peut-être bien! dit Marius.

— Mais il faut vous en aller tout de suite, monsieur de Champagnac! C'est défendu aux élèves d'entrer ici. Surtout, ne dites pas que vous avez trouvé la porte ouverte, vous me feriez sévèrement gronder.

— Oh! n'ayez aucune crainte, Pascalon, je n'en dirai rien; je vous le promets! répondit notre Gascon, sans pouvoir s'empêcher de rire en lui-même, et en reprenant, par le couloir, le chemin de la grande cour, où il entra cette fois avec un prestige singulièrement augmenté.

Une maison au toit aigu, flanquée à gauche d'une tourelle.

CHAPITRE V

Les quatre vocations

L'affaire de la petite cour ne parvint heureusement ni aux oreilles du censeur ni à celles du proviseur.

Mais, à cause des querelles précédentes, Dubodan, Montagny et Saint-Jean apprirent le soir même qu'ils étaient consignés pour le lendemain dimanche.

Montagny, à cette nouvelle, garda son air indifférent; Dubodan donna un grand coup de poing sur son pupitre, ce qui fit ajouter à sa consigne deux cents lignes sans exemption, et Saint-Jean se mordit les lèvres de dépit.

Marius de Champagnac, n'ayant à Paris ni ami ni correspondant, restait forcément au lycée. Les punitions infligées à ses nouveaux amis allaient donc lui permettre de faire avec eux plus ample connaissance.

En effet, le dimanche, dans l'après-midi, après que Dubodan eut fait ses deux cents lignes, il les trouva tous trois réunis au milieu de la cour presque déserte.

— Champagnac, dit Montagny en venant au-devant de Marius la main tendue, vous nous avez tirés hier d'une fort mauvaise aventure ; je vous en remercie !

— Et moi aussi, mon petit, je te remercie ! s'écria Dubodan en tutoyant tout de suite Marius de Champagnac.

Notre Gascon jeta un coup d'œil à Saint-Jean.

Celui-ci ne dit rien. Il se contenta de presser d'une façon significative la main de Marius.

Et Dubodan fit cette réflexion :

— Dire qu'hier nous faillîmes nous battre et qu'aujourd'hui nous voilà amis !

— Et vrais amis, ajouta Montagny avec un air sérieux.

— Maintenant, Champagnac, dit le petit Saint-Jean, dis-nous qui tu es et d'où tu viens, car nous ignorons encore ton histoire. Et, puisque nous sommes faits pour vivre ensemble, après toi nous parlerons.

— Volontiers ! répondit Marius.

Et alors M. de Champagnac fils raconta son histoire, que nous connaissons déjà, mais dont il exagéra les détails avec sa fertile imagination méridionale.

Quand il parla de la maisonnette que M. et Mme de Champagnac habitaient aux environs de Tarbes, il la dépeignit comme un antique château avec murailles épaisses, mâchicoulis, pont-levis et tourelles.

Et Marius était sincère en parlant ainsi. Son esprit inventif lui montrait un castel féodal là où il n'y avait qu'une modeste habitation campagnarde, posée sur le sommet d'une butte, au milieu des arbres et du soleil.

— D'ailleurs, je vous en ferai voir le dessin ! s'écria Marius, qui se piquait de savoir dessiner.

En effet, M. de Champagnac fils avait pris souvent le croquis de la maison paternelle, mais son crayon, allant au gré de son imagination, s'était plu à reproduire l'ombre fantastique d'un château que le soleil du Midi semblait projeter sur le versant de la colline.

Dubodan ouvrait de grands yeux, et il eût interrompu à plusieurs reprises Marius de Champagnac si Saint-Jean ne l'avait arrêté à propos.

Marius raconta ensuite son arrivée à Paris et l'histoire de la lettre dérobée, histoire qui souleva l'indignation des trois collégiens.

— Enfin, dit-il, je ne sais pas encore si je resterai au milieu de vous; cela dépend de la protection que M. le censeur voudra bien m'accorder. Nous ne sommes pas riches en Gascogne, et si M. Delormel n'obtient pas la bourse que mon père lui demandait, j'ignore ce qu'il adviendra de mon sort.

— Oh! il faut que tu restes! s'écria Dubodan, car tu me vas tout à fait, monsieur de Champagnac!

— Assurément! murmura Saint-Jean.

— Vous resterez! dit à son tour Montagny, qui venait de réfléchir. Vous resterez avec nous, Marius; c'est moi qui vous en réponds.

Le ton sur lequel Georges de Montagny venait de prononcer ces paroles fit lever les yeux à ses compagnons.

Évidemment, Montagny avait trouvé le moyen de faire demeurer au lycée Marius de Champagnac.

Et ce moyen devait être infaillible, car Montagny ne parlait jamais à la légère.

— Merci donc à vous, Montagny! et à vous aussi Saint-Jean et Dubodan! murmura le jeune Gascon en tâchant de cacher son émotion.

Puis il ajouta :

— Vous savez maintenant mon histoire. A vous de tenir la promesse que vous m'avez faite en me racontant la vôtre.

— Rien de plus juste, dit Saint-Jean. Que Montagny parle le premier!

— Mon histoire, dit alors gravement Georges de Montagny est triste, et je vous demanderai de ne pas évoquer longuement des souvenirs qui me laissent toujours un profond chagrin. Je n'ai plus ni père ni mère. Ils sont morts quand j'étais encore tout jeune. C'est à peine si je puis dire que je les ai connus. L'absence de ces êtres si chers a jeté sur ma vie un long deuil. Aussi ne suis-je pas toujours prêt à partager vos plaisirs et suis-je souvent, comme vous me le reprochez, dans votre amitié, plus sérieux que je ne devrais l'être à mon âge.

Les trois amis de Georges de Montagny restaient silencieux, comprenant la grande douleur de celui qui venait de parler.

Au bout de quelques instants, le jeune homme continua :

— C'est un oncle — un excellent oncle, je dois le dire — qui s'est chargé de mon éducation. Il vit dans ses propriétés, en Touraine, où je vais le voir aux vacances et où je compte bien vous emmener tous un jour. Lorsque j'aurai l'âge voulu, je me préparerai à Saint-Cyr, afin de partager la vie des défenseurs de mon pays. C'est, du reste, mon seul et ardent désir. Voilà. Vous voyez, mes amis, que mon histoire, si elle est courte, renferme déjà bien des tristesses.

Et, comme les deux collégiens, ainsi que Marius, restaient un peu émus, Montagny reprit, avec un de ces sourires charmants qui éclairaient de loin en loin son visage :

— A ton tour, mon bon Dubodan, à ton tour!

Et Dubodan, qui, d'ailleurs grillait d'envie de parler, dit en s'adressant à Marius de Champagnac :

— Sais-tu ce qui m'a le plus frappé dans ce que tu nous as raconté, toi? Non, n'est-ce pas? Eh bien, je vais te l'apprendre : c'est la description du château de tes ancêtres. Ton château ressemble, en effet, étonnamment au mien, — je veux dire à celui de ma famille.

A ces mots, le petit Saint-Jean et Georges de Montagny ne purent s'empêcher de se regarder en riant.

— Riez! riez tant que vous voudrez, s'écria Dubodan avec sa bonne grosse voix, je sais bien quelle est votre pensée! Parce que mon père était dans le commerce, vous me refusez le droit d'être noble. Mais je le suis peut-être autant que vous, noble! Mon nom est Dubodan; mais,

Marius de Champagnac avait souvent pris le croquis de la maison paternelle.

avant la Révolution, ce nom s'écrivait en deux mots : du Bodan. Et en cherchant bien, peut-être qu'on en trouverait aux Croisades, des du Bodan!...

Montagny et Saint-Jean connaissaient de longue date l'innocente manie de leur camarade, et ils la lui pardonnaient.

Dubodan décrivit alors la maison que sa famille possédait à Montmorency et qu'il se plut à signaler à Marius comme un castel aussi gothique que pouvait l'être celui des Champagnac.

Nous qui devons rester dans la vérité, nous dirons que le bâtiment en question n'était qu'une de ces copies fréquentes, et arrangées selon les besoins modernes, des châteaux anciens.

Une maison au toit aigu, flanquée à gauche d'une tourelle qui avait tout l'air d'un pigeonnier.

A droite, et à l'angle opposé, une tour crénelée que surmontait une jolie petite girouette qui n'avait assurément rien de féodal.

Entourant la maison, un petit jardin anglais avec un petit bassin, qui lançait un petit jet d'eau et qui donnait un petit asile à de petits poissons rouges.

Sur une pelouse verte se dressait une boule de verre qui reflétait les objets tout en les déformant.

Devant la grille, une statuette en plâtre représentait un jeune garçon joufflu, portant sur sa tête une vasque où l'eau de pluie avait pris la douce habitude de croupir.

Pour compléter l'ensemble, les lanternes étaient éclairées au gaz.

On voit que cette maison était loin d'avoir droit au titre de château que lui donnait pompeusement Léon Dubodan.

Mais l'imagination du collégien se rencontrait ici, par un singulier hasard, avec l'esprit inventif du Gascon.

Marius, cependant, avait laissé parler le jeune châtelain de Montmorency, mais les sourires significatifs de ses compagnons l'avaient suffisamment renseigné.

Aussi l'éloquence de Dubodan fut-elle insuffisante à convaincre

M. de Champagnac fils. Il eut l'air, néanmoins, très enthousiasmé de la description qu'on venait de lui faire, ce qui donna à Saint-Jean une haute idée de sa sagacité.

Dubodan termina en déclarant qu'il ne profiterait du château de sa famille que pour y passer le temps des congés dont le gratifierait l'état militaire.

Un jour entrant avec sa mère dans l'une des plus brillantes églises de Paris.

Et il ajouta :

— Car je compte bien entrer à Saint-Cyr, de même que mes amis Montagny et Saint-Jean.

A ces paroles, le petit Saint-Jean prit un visage tout étonné :

— Moi, entrer à Saint-Cyr! dit-il. Moi, être soldat! Mais du tout, tel n'est point mon désir. Je connais ma vocation : je serai prêtre.

Léon Dubodan eut un gros rire.

— Toi! tu veux être prêtre? Toi qui es le premier et le plus enragé batailleur du lycée! Allons donc! c'est impossible.

Saint-Jean reprit doucement :

— Tu te trompes, mon ami, je ne me bats que lorsqu'on m'y force. Mais je suis, au fond, d'une nature bien tranquille. Et je sais bien que ma place est dans une église et non pas dans un régiment.

— Pourtant, ne m'as-tu pas dit plusieurs fois que tu te destinais, comme Montagny et moi, à Saint-Cyr?

Le petit Saint-Jean ne répondit pas, pour ne pas commettre un mensonge.

Il l'avait dit, en effet; mais un dimanche, entrant avec sa mère dans l'une des plus brillantes églises de Paris, il s'était trouvé séduit, charmé par la pompe de la religion catholique, avec les prêtres aux chasubles brodées, les tabernacles et les croix d'or, les chants et la musique sacrée, et l'odeur de l'encens, et la foule des fidèles qui s'inclinaient, très humbles, au bruit de la sonnette argentée.

En sortant de l'église, Saint-Jean ne voulait plus être soldat. Il voulait entrer dans les ordres; mais, comme nous en avons déjà eu des preuves, son petit caractère belliqueux semblait donner un démenti à ses nouvelles aspirations.

— Et toi, Champagnac, demanda Dubodan en voyant Saint-Jean garder le silence, que veux-tu être?

— Mais je serai soldat, moi aussi, comme vous, Montagny, comme toi, Dubodan, et peut-être, ajouta Marius avec finesse, comme toi, Saint-Jean.

Ce dernier fit un geste de dénégation et murmura, indécis encore, ces deux mots :

— Qui sait?

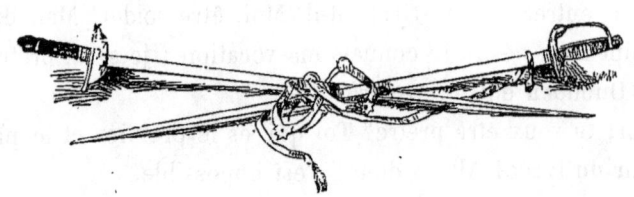

Et déjà il était entouré de ses amis Dubodan et Saint-Jean.

CHAPITRE VI

A l'étude

Saint-Jean, très avancé pour son âge, et Dubodan, très [arriéré, étaient en quatrième.

Ce fut dans cette classe que le censeur plaça Marius de Champagnac provisoirement, en attendant la bourse demandée.

Marius, avec son intelligence facile et sa gaieté expansive, se fit tout de suite prendre en amitié par ses maîtres et par ses camarades.

Malheureusement, dans la même étude, se trouvaient les Valaques et les Brésiliens, que nous avons vus jouer déjà un assez vilain rôle.

Champagnac les avait pris en grippe, ces étrangers. Il affectait envers eux la plus parfaite impolitesse, et l'on pouvait prévoir, dès lors, qu'un orage éclaterait tôt ou tard dans l'étude.

Le grand Grégory s'en voulait d'avoir dû au Gascon son salut au moyen de l'échelle, lors de l'affaire de la petite cour, et, sourdement, il excitait contre lui ses compagnons.

Les choses s'envenimèrent peu à peu à un tel point qu'un soir, à l'étude, profitant d'un moment où le maître était sorti, Grégory, toujours agressif, et après avoir pris conseil de ses inséparables Régil et Garcias, se mit à invectiver Marius.

— Dis-moi donc, s'écria-t-il en s'adressant au jeune Gascon, quand tu te décideras à quitter ton costume de paysan, toi?

Justement, en cet instant-là, Marius de Champagnac était plongé dans une rêverie profonde.

Il venait de répandre sur sa copie le contenu de son encrier.

Cet accident involontaire avait ouvert à son imagination ardente tout un horizon de choses passées et de choses futures.

Marius, avec son goût pour le dessin, s'était amusé à se servir des taches bizarres, des arabesques capricieuses que l'encre avait faites sur sa copie pour en tirer, au moyen de sa plume, des personnages, des animaux et des figures de toute sorte.

Ici, deux taches isolées lui avaient donné l'idée d'un chat se hérissant de crainte devant l'attaque d'un chien qui accourait. Il avait aidé au hasard, et maintenant c'étaient bien ces deux animaux qu'on voyait sur le papier. Devant le chat, il avait placé une casserole, qui expliquait la venue du chien affamé et la peur du minet gourmand.

Là, un ballon partait dans l'espace.

Puis, des bêtes quelconques qui grimpaient ou volaient.

Marius, avec son goût pour le dessin, s'était servi des taches.

Dans le pâté principal, les instincts militaires de Marius de Champagnac lui avaient fait trouver une bataille.

C'était une mêlée épouvantable de fantassins et de cavaliers, mêlée d'où surgissaient des baïonnettes, des sabres, des drapeaux et un tambour-major, véritable géant, qui prenait sa longue canne à deux mains pour assommer les ennemis.

Au-dessous, un vaisseau faisait route dans une mer qui ne pouvait être assurément que la mer Noire.

Enfin, plus bas, sur la droite, une figure s'était soudain présentée à son esprit : celle d'une petite fille. Marion était son nom, et Marion était la cousine de Marius.

Quelles bonnes parties ils avaient faites jadis, quand ils étaient tout petits!

Et Marius revoyait sa petite Marion, jouant au cerceau ou au ballon, toujours suivie de son gros chien Artaban, aux aboiements joyeux. Artaban lui-même n'était pas oublié sous la plume de Marius.

Mais que tout cela était loin!

C'est au milieu de ce rêve doux et charmant que l'interpellation brutale du Valaque vint surprendre Marius de Champagnac.

— Tiens! tiens! dit Marius en levant la tête, très étonné, c'est à moi qu'on s'adresse?

Puis, tranquillement, sans paraître se soucier davantage de son interlocuteur, il ajouta :

— Passez votre chemin, mon bonhomme, on ne vous connaît pas!

L'indifférence de Champagnac et surtout le mot « bonhomme » exaspérèrent le Valaque.

— Bonhomme! bonhomme! répéta-t-il à plusieurs reprises, rouge de colère.

Et, prenant à témoin ses amis :

— Vous entendez, dit-il, il m'insulte!

Valaques et Brésiliens firent un signe de tête affirmatif qui augmenta le courroux de Grégory.

Alors il se retourna vers Marius :

— Ose donc venir jusqu'ici ! Je te ferai voir si je suis un « bonhomme » !

— Ma foi ! non, dit Marius sans paraître s'émouvoir, je n'ai pas envie de me déranger.

— Eh bien ! c'est moi qui vais aller te trouver.

Cependant, quelques collégiens retenaient à sa place le grand Grégory. Celui-ci, ne pouvant se dégager, eut le temps de s'emparer de son gros dictionnaire latin.

Il le brandit quelques secondes au-dessus de sa tête.

— Essaye de le lancer et nous verrons ! dit Marius, qui, cette fois, se leva et se mit sur la défensive.

Et déjà il était entouré de ses amis Dubodan et Saint-Jean, qui venaient à son aide, comprenant que la querelle allait mal finir.

A peine Marius avait-il jeté son défi au Valaque que celui-ci envoya, avec une grande force, le lourd dictionnaire dans la direction de Marius.

Si le Gascon eût été atteint, il aurait été blessé, tant le coup avait été rapide. Par bonheur, le robuste Dubodan put détourner à temps l'énorme volume qui allait s'abattre sur la tête de son cher Champagnac.

Mais Marius ne riait plus.

Il avait vu le danger qu'il avait couru et qu'il avait fait partager à ses deux amis Dubodan et Saint-Jean.

Il escalada les tables et les pupitres et, en deux bonds, il fut sur le Valaque.

Avant que celui-ci eût eu le temps de s'y reconnaître, Marius l'avait saisi par son épaisse chevelure et, se servant de la jolie force dont était doué son poignet, il força le grand Grégory à se mettre à genoux.

— Maintenant, dit-il, tu vas nous faire des excuses !

— Jamais ! murmura Grégory, étranglant de rage.

— Nous verrons bien !

Le Valaque sentit qu'il n'y avait pas de résistance possible.

Il commençait à balbutier quelques mots, lorsque ses amis Régil et Garcias, prenant courage et craignant les reproches du Valaque une fois qu'il serait sorti des mains de Marius, se jetèrent en même temps sur le Gascon.

Dubodan était aussitôt venu à l'aide de Champagnac avec ses gros poings fermés, et le petit Saint-Jean s'était emparé des bras de Régil, qui, désormais n'était plus à craindre.

Soudain, la voix d'un élève guettant à la porte cria, en retenant sa voix :

— L'inspecteur !

Aussitôt, comme une bande d'oiseaux qui s'envolent, chacun courut à sa place, sautant par-dessus les bancs.

Dubodan lui-même eut le temps de revenir sans se presser à son pupitre.

Quant à Saint-Jean, il avait déjà repris sa plume et semblait écrire avec la plus grande attention du monde, quand l'inspecteur, attiré par le bruit, fit son entrée dans l'étude.

— Que se passe-t-il donc? dit-il en frappant sur un pupitre avec un énorme trousseau de clefs qui ne le quittait jamais.

Et, promenant d'un bout à l'autre de l'étude ses regards habitués à tout voir, il aperçut dans un coin le groupe que faisait Grégory, toujours courbé sous l'étreinte de notre entêté Gascon.

— Qu'est-ce que cela? s'écria-t-il, s'avançant vite de ce côté.

Et reconnaissant le nouveau :

— Champagnac! ajouta-t-il avec surprise. Qu'est-ce que ça signifie? Voulez-vous, d'abord, lâcher Grégory et me suivre, ensuite, dans mon cabinet !

Marius, forcé d'obéir, desserra, comme à regret, ses petits doigts nerveux crispés dans la chevelure crépue du collégien.

Le maître d'étude rentra.

— Tout le monde consigné dimanche ! lui dit l'inspecteur.

Et après avoir jeté un coup d'œil sévère sur l'ensemble des élèves, il fit passer devant lui Marius de Champagnac.

— Quant à celui-ci, dit-il au maître d'étude, j'en fais mon affaire.

Et la porte se referma sur l'inspecteur et Champagnac.

L'inspecteur amena Marius dans son cabinet et, après s'être fait raconter la scène qui venait d'avoir lieu il appela un garçon qui conduisit le pauvre Champagnac au cachot.

Cela fait, l'inspecteur se rendit chez le proviseur.

A l'heure où se déroulaient ces événements, Georges de Montagny, qui, plus âgé que ses trois amis, était dans une classe supérieure, demandait au maître d'étude l'autorisation d'aller parler à M. le censeur pour lui communiquer une nouvelle importante.

Cette autorisation lui ayant été accordée, Montagny prit dans son pupitre une lettre qu'il avait reçue le soir même. Il la relut encore et se rendit ensuite au cabinet de M. Delormel.

— Quel est le motif qui vous amène si tard, mon ami? demanda le censeur, surpris de la visite d'un de ses meilleurs élèves et pour lequel il avait une prédilection marquée.

— Le voici, monsieur, répondit poliment, et avec un peu d'embarras, Georges de Montagny. Mais, auparavant, voulez-vous me permettre de vous adresser une question?

— Faites!

— La bourse que vous avez sollicitée pour Marius de Champagnac, l'avez-vous obtenue?

— Hélas! non, pas encore! Les demandes de ce genre sont nombreuses et je crains fort un long retard. Cela me contrarie d'autant plus que les rapports qui me parviennent sur l'intelligence de mon jeune compatriote sont excellents. J'ai peur que sa famille, à qui j'ai fait espérer cette faveur, ne puisse s'imposer un nouveau sacrifice et ne se trouve forcée de rappeler Marius. Dans ce cas, je ne verrais nul moyen de garder au lycée mon pauvre petit Gascon.

Montagny avait respectueusement écouté M. Delormel. En entendant les regrets que le censeur exprimait sur le sort de son ami Marius,

Georges de Montagny se sentit touché de plaisir, ses grands yeux s'éclairèrent et, enhardi, il prit la parole.

— Ainsi, monsieur, dit-il, vous ne voyez aucun moyen de conserver Champagnac?

— Si, un seul : ce serait que quelqu'un payât pour lui sa pension. Mais je ne lui connais ni parents, ni amis capables de s'imposer une pareille charge.

— Pardon, monsieur! fit vivement Montagny.

— Que voulez-vous dire?

— Je veux dire que Champagnac possède un ami qui serait très heureux de lui venir en aide.

— Qui donc? demanda M. Delormel avec quelque étonnement.

Alors l'embarras de Montagny reparut, et ce ne fut pas sans hésitation qu'il répondit :

— Mon oncle, monsieur.

— Votre oncle? Mais votre oncle n'a jamais vu Champagnac!

— C'est vrai, monsieur, mais il le connait par ce que je lui ai écrit sur son compte.

— Et votre oncle consentirait à payer sa pension?

— Oui, monsieur, mais à l'insu de Marius, bien entendu, afin de ménager sa fierté excessive.

— Voilà une bonne pensée! Seulement, êtes-vous certain de ce que vous avancez là?

— Oh! oui, monsieur, mon oncle m'a envoyé son consentement : j'ai reçu une lettre de lui.

Montagny avait très rapidement prononcé ces derniers mots.

— Une lettre? dit M. Delormel; eh bien, montrez-la-moi!

Montagny n'avait sans doute pas songé à cette obligation, car il eut un geste de contrariété.

Le censeur tendait la main.

Il fallait pourtant obéir. Mais ce fut en rougissant et après une hésitation visible que le collégien remit la lettre à M. Delormel.

Et le censeur lut ce qui suit :

« Mon cher neveu,

« Je suis très heureux de l'excellente idée que tu as eue de venir en aide à ton ami Marius de Champagnac. Je ferai payer sa pension jusqu'à ce qu'il ait obtenu la bourse dont tu me parles ou que sa situation se soit modifiée. Je ne regrette qu'une chose, mon cher enfant, c'est que tu ne me laisses pas accomplir moi-même cette bonne action et que tu tiennes absolument à ce que les fonds soient pris sur ta fortune personnelle. Enfin, il sera fait comme tu le désires.

« Je me félicite d'avoir un neveu tel que toi et je t'embrasse affectueusement.

« H. DE MONTAGNY. »

Au fur et à mesure que M. Delormel lisait, sa physionomie reflétait la satisfaction, la surprise et enfin la joie, — une grande joie.

Il vint à Montagny, lui prit la main et, plus ému qu'il ne voulait le paraître :

— Ah! mon enfant, dit-il, vous êtes un noble cœur.

Montagny s'inclina.

— Voilà donc pourquoi vous hésitiez tout à l'heure à me montrer cette lettre! continua le digne M. Delormel. Vous ne vouliez pas que j'apprisse que c'était vous-même qui aviez eu l'idée de cette bonne action, et que c'était vous-même qui teniez à l'accomplir en tous points. Ah! c'est bien, Montagny, c'est très bien! Et moi, je vous remercie en mon nom et au nom de mon pauvre petit Gascon!

Georges de Montagny, heureux du plaisir qu'il causait à M. Delormel, restait là, timide, sans prononcer une parole.

Ce fut le censeur qui lui dit de rentrer à l'étude, en lui promettant le secret, vis-à-vis des autres élèves, sur ce qui venait de se passer.

A peine Montagny était-il sorti du cabinet qu'un garçon vint dire à M. Delormel que le proviseur désirait lui parler immédiatement.

Du plus loin que celui-ci l'aperçut, il s'écria :

— Eh bien, monsieur le censeur, j'en apprends de belles! Une révolte vient d'avoir lieu en quatrième. Si M. l'inspecteur n'était pas arrivé à temps, toute la classe était sens dessus dessous.

— Une révolte? dit avec étonnement M. Delormel.

— Oui vraiment, et causée, soulevée par un de vos protégés.

A ces mots, prononcés d'un ton sévère, le censeur comprit que le cas était grave, mais il attendit que le proviseur se fût expliqué de lui-même.

— Mais oui, un de vos protégés, ce diable de petit Gascon.... Comment l'appelez-vous déjà ?

— Marius de Champagnac ?

— Précisément! M. l'inspecteur l'a trouvé, pendant une courte absence du maître d'étude, en train de se battre avec Grégory. Il le tenait par les cheveux et exigeait de lui des excuses.

Il reprit au bout d'un instant :

— Nous ne pouvons garder plus longtemps au lycée ce petit Champagnac. D'abord, nous n'en avons pas le droit. Sa famille ne peut payer sa pension, et vous-même, malgré toutes vos démarches, vous n'avez pu obtenir une bourse en sa faveur. Or, nos règlements, vous le savez, nous interdisent de recevoir un élève dans de pareilles conditions.

M. Delormel avait eu bien peur pour le compte du petit Gascon au début du discours de M. le proviseur, mais il se rassura à la fin et remercia en lui-même le brave Georges de Montagny, qui venait si à propos de lui permettre de sauver Marius.

— En effet, monsieur, dit-il, on ne saurait conserver le jeune de Champagnac dans les conditions que vous énumérez, mais ces conditions ont changé depuis quelques heures.

— Que voulez-vous dire?

— Quelqu'un se charge de pourvoir à sa pension jusqu'à ce qu'il ait une bourse, ou jusqu'à ce que ses parents puissent de nouveau lui venir en aide.

— Et ce quelqu'un, quel est-il ? demanda le proviseur étonné.

— Le tuteur de Montagny.

— Vous êtes sûr de ce fait ?

— J'ai vu la lettre qui le confirme.

— Ah ! c'est différent ! reprit le proviseur, visiblement radouci ; si Marius de Champagnac fait régulièrement partie du lycée, sa frasque de tout à l'heure ne vaut pas son renvoi. Cependant, M. l'inspecteur l'a conduit au cachot et j'ai donné ordre de l'y laisser. Cet endiablé Gascon a besoin d'une leçon et la solitude lui suggérera des réflexions salutaires, j'en ai la conviction.

Et, comme M. Delormel s'apprêtait à prendre congé, le proviseur ajouta :

— Faites-lui maintenant endosser l'uniforme, car c'est son costume qui, paraît-il, a été cause de cette algarade.

Le censeur s'inclina et sortit du cabinet du proviseur le cœur allégé d'un grand poids. Dorénavant, Marius de Champagnac était admis et regardé comme un élève régulier.

Les souris venaient consulter le dictionnaire latin.

CHAPITRE VII

Marius de Champagnac au cachot

Notre petit Gascon ne fit point, cette nuit-là, comme on le pense, des rêves couleur de rose.

Il vit au contraire sa chère et digne mère et son brave père plongés dans un véritable chagrin.

Désolés de la perte d'argent que Marius avait faite en arrivant à Paris, ils avaient repris quelque espoir dans la lettre de M. Delormel, qui promettait d'obtenir une bourse pour son petit compatriote. Mais la confirmation de cette nouvelle n'arrivait pas, et la peine les reprenait. Bien plus, ils apprenaient (Marius rêvait cela) que leur enfant s'était mal conduit et qu'il était maintenant enfermé au cachot.

Marius ressentit si vivement la douleur de ses parents qu'il s'éveilla dans un sanglot.

Il essuya ses yeux remplis de larmes et se rendit compte de la situation où il s'était mis.

C'était bien là le vilain cachot où on l'avait enfermé la veille.

Ses regards se portèrent sur les objets qui meublaient sa prison, et il aperçut à terre l'un de ses dictionnaires, sur lequel une petite souris noire semblait lire attentivement.

— Une souris savante, pensa-t-il sans être encore bien éveillé, — une souris qui apprend le latin !

Et son imagination, travaillant dans la demi-obscurité de la pièce, lui montra une multitude d'autres petites souris qui venaient aussi consulter le dictionnaire latin.

En un bond, il fut sur pied.

Au bruit qu'il fit en descendant du lit, la souris, l'unique petite souris, abandonna le dictionnaire, qu'elle n'était nullement en train d'étudier, mais qu'elle se contentait de grignoter (ce qui prouve, quoi qu'en disent les élèves, que le latin n'est pas indigeste) et se dirigea rapidement vers son appartement qui était un trou creusé dans la muraille.

Marius se réveilla alors tout à fait, mais, dans ce complet réveil, le rêve qu'il venait de faire se présenta à sa mémoire avec une cruelle netteté.

Sa première pensée fut celle-ci :

— Il ne faut pas que papa et maman sachent que je suis ici !

Mais pour arriver à ce résultat, que devait-il faire?

Il songea à écrire à M. Delormel en implorant sa bonté, car Marius devinait que l'excellent censeur lui était favorable ; mais comment ferait-il parvenir sa lettre?

A ce moment une clef grinça dans la serrure et la porte s'ouvrit, donnant passage au garçon de cour Pascalon qui apportait au petit prisonnier de l'eau pour faire sa toilette du matin.

— Ah! ah! monsieur de Champagnac, dit Pascalon sans rire, déjà au cachot! Voilà qui n'est pas bien et voilà qui fera de la peine à ceux qui sont là-bas.

— Là-bas? dit Marius sans comprendre. — Oui, là-bas, à Tarbes!

Il songea à écrire à M. Delormel en implorant sa bonté.

Et comme le pauvre garçon avivait sans le vouloir la souffrance de Marius, celui-ci sentit les larmes gonfler de nouveau ses paupières.

— Mais, s'écria-t-il, il ne faut pas qu'ils le sachent!
— Oui, mais comment faire? murmura Pascalon en hochant la tête.

— Tiens, Pascalon, dit Champagnac, en tutoyant le garçon de cour dans l'abandon du patois de leur pays natal, c'est toi qui vas me sauver!

Pascalon devint défiant.

— Vous sauver? et de quelle façon?

En portant à M. le censeur une lettre que je vais lui écrire.

— Oh! monsieur de Champagnac, répondit Pascalon, cela m'est absolument défendu. Porter à M. le censeur une lettre de vous! Voyons, vous ne voulez pas me faire perdre ma place? je n'ai qu'elle pour vivre.

Marius à cette réponse sentit tout son espoir l'abandonner. Il devint si triste, si triste, que Pascalon eut pitié de lui.

— Encore, se hasarda-t-il à dire, si cette lettre n'était pas pour M. le censeur...

— Quoi! tu voudrais bien te charger de porter une lettre à un de mes amis... à un élève?... demanda en hésitant Marius de Champagnac.

— Dame! comment voulez-vous que je refuse en vous voyant si peiné? surtout si vous m'assurez que c'est pour vous tirer seulement d'embarras, et si vous me promettez la discrétion de votre ami...

— Oh! oui, je te l'assure! oh! oui, je te la promets, mon bon Pascalon! s'écria Marius avec joie.

Et rapidement il écrivit :

« Amis,

« Que l'un de vous intercède tout de suite auprès de M. Delormel en le suppliant de ne pas avertir ma famille de ce qui m'est arrivé. »

Et il ajouta, selon l'expression naïve et forte de Pascalon :

« On serait trop malheureux là-bas! »

Sur le dos du papier, il mit :

« *Montagny, Saint-Jean ou Dubodan.* »

Quand Pascalon prit le billet et qu'il lut cette suscription, il murmura :

— Mais votre ami, il est donc en trois personnes ?

— Oui, mais ces trois personnes n'en font qu'une. Va, mon bon Pascalon, va vite, et tu peux compter sur eux comme sur moi.

Le brave Pascalon savait bien qu'il contrevenait à la consigne, mais

Il lui glissa en passant, le billet dans la main.

le sort de son petit compatriote l'apitoyait fort. Et puis, le contenu de la lettre qu'il se chargeait de porter n'était, en résumé, que l'expression d'un louable sentiment.

Il sortit donc du cachot, dont il referma la porte avec soin, et alla rôder dans la cour où les élèves venaient d'entrer pour la récréation de huit heures.

Il aperçut bientôt le petit Saint-Jean.

Se dirigeant de son côté, il lui glissa, en passant, le billet dans la main.

Saint-Jean, qui réfléchissait toujours avant de s'étonner, eut bien vite compris d'où venait ce billet.

Pascalon était le garçon chargé du service du cachot, il s'était fait évidemment le commissionnaire du prisonnier Marius de Champagnac.

Saint-Jean se mit à l'écart et lut la missive de Marius. Cela fait, il chercha ses deux amis pour la leur communiquer, mais il ne rencontra que Dubodan.

Saint-Jean et Dubodan causèrent quelque temps à voix basse ; ils parurent d'abord se disputer, amicalement d'ailleurs, mais ils ne tardèrent pas à tomber d'accord, et c'est ensemble et vivement qu'ils montèrent l'escalier conduisant au cabinet de M. Delormel.

Là, Saint-Jean, à qui Dubodan avait la prudente habitude de laisser la parole, agit selon la prière de Marius. Il fut éloquent, câlin, persuasif, si bien que M. Delormel, ne pouvant s'empêcher de sourire à ces jeunes amitiés commençantes et déjà si solides, consentit à les rassurer.

Alors Dubodan et Saint-Jean échangèrent un coup d'œil, et le petit Saint-Jean, reprenant la parole, fit, en son nom et au nom de Dubodan, la même offre que Montagny avait faite la veille au soir à leur insu.

C'était une idée qui leur était venue après avoir reçu le billet de Marius de Champagnac.

Ils assuraient à M. Delormel que, sur leur demande, il n'était pas douteux que leurs familles consentissent à payer la pension de Champagnac.

Le censeur, cette fois véritablement attendri, les remercia de leur bonne pensée en leur assurant que le sort de Champagnac était désormais assuré et qu'il faisait définitivement partie du lycée.

Mais il ne leur dit pas le secret de Montagny.

Saint-Jean et Dubodan, tranquillisés sur le sort de leur ami Marius, redescendirent dans la cour. Mais il fallait, à présent, faire tenir au prisonnier la bonne nouvelle.

On finit par retrouver Pascalon, qui se décida à porter à Champagnac un billet que Dubodan écrivit au crayon. Il contenait ces mots significatifs « N'aie pas peur. Tout va bien. »

La récréation allait finir quand les deux collégiens aperçurent Montagny qui sortait d'une des salles de répétition.

Saint-Jean lut la missive de son ami.

Ils allèrent à lui et le mirent au courant de ce qui venait d'avoir lieu.

— Et, ajouta Dubodan fort joyeux, Champagnac reste avec nous. On paye sa pension!

— On? murmura le petit Saint-Jean; quel est donc ce « on » mystérieux?

Et disant cela, il regardait fixement Montagny, comme si, dans son esprit perspicace, il devinait quel était ce « on ».

Mais Montagny, fort calme, se contenta de répondre qu'il était bien aise d'apprendre cette nouvelle.

Pascalon avait, pendant ce temps, monté la lettre à Champagnac.

Celui-ci reprit courage et se mit à écrire le pensum qui lui avait été infligé. Il ne s'interrompit que pour manger à la hâte le déjeuner apporté par Pascalon.

Vers quatre heures du soir la clef grinça de nouveau dans la serrure, et le même garçon qui avait conduit la veille Marius au cachot apparut.

— M. de Champagnac, dit-il, vous pouvez prendre vos affaires; M. le censeur vous attend.

Marius ramassa ses effets, ses papiers et ses livres, et suivit le garçon qui le menait au cabinet de M. Delormel.

Saint-Jean tira de sa poche une pièce de dix centimes et la lança...

CHAPITRE VIII

Comment Marius de Champagnac fut joué à pile ou face

Le censeur, après avoir fait remarquer au jeune Gascon tout ce que sa conduite pouvait avoir de répréhensible, et lui avoir donné d'excellents et paternels conseils pour l'avenir, lui apprit que, sur sa demande, le proviseur avait consenti à lever la punition.

— Je dois vous apprendre, dit encore M. Delormel, que vous faites désormais partie du lycée.

— Ah! monsieur, que vous êtes bon! s'écria avec expansion Marius de Champagnac, qui, dans sa joie, ne douta pas un seul instant que le censeur n'eût enfin obtenu la bourse sollicitée.

M. Delormel, évitant de répondre directement, dit alors en congédiant Marius :

— C'est en travaillant avec assiduité et en tenant une conduite exemplaire que vous pourrez seulement remercier ceux qui veulent bien s'intéresser à vous.

— Oh! oui, monsieur, on sera content de moi, je vous le jure! s'écria Champagnac avec conviction.

Le censeur sourit à cette promesse faite d'un ton enthousiaste, et il ajouta :

— Maintenant, on va vous conduire au vestiaire où l'on vous donnera votre uniforme.

En effet, le même garçon qui avait fait descendre Marius du cachot mena le jeune Gascon dans une grande pièce où étaient pendus de nombreux vêtements et où une vieille dame, Mme Pauline, depuis longtemps au service du lycée, lui donna la tunique, le pantalon, le gilet et le képi qui l'attendaient depuis plusieurs jours.

Mais ce n'était pas tout; il fallait faire tomber cette chevelure bouclée qui descendait sur les épaules de Marius, et ce furent les ciseaux du coiffeur qui se chargèrent de la rendre conforme au règlement.

Alors, tout fier, le képi aussi crânement incliné sur l'oreille que l'était tout à l'heure son petit béret de Gascogne, il fit sa rentrée à l'étude.

Les élèves levèrent la tête.

— Un nouveau! pensèrent-ils.

Mais ce n'était pas un nouveau, et Marius de Champagnac fut bientôt reconnu.

Tout en gagnant sa place il échangea un regard d'amitié et de gratitude avec Saint-Jean et Dubodan, et, s'il faut l'avouer, ce ne fut pas du même œil qu'il regarda les étrangers. Mais ceux-ci, Grégory en tête, avaient été aussi fort sévèrement punis par le proviseur, et ils ne songeaient pas à s'exposer à de nouveaux châtiments.

Marius de Champagnac profita des conseils de M. Delormel. Il se mit à travailler en conscience, cherchant dans ses livres, dans ses dictionnaires, et se donnant beaucoup de mal.

Il s'appliqua à comprendre et fit preuve de bonne volonté. Une fois sorti des premières difficultés, il ne fut pas long à rattraper le temps perdu, et au bout de trois mois il se trouvait aux premiers rangs de la classe.

Les fêtes du jour de l'an approchaient.

Déjà Marius entendait les élèves parler des étrennes qu'ils espéraient, et dire la façon dont ils emploieraient leurs huit jours de congé.

Ces conversations, sans exciter sa jalousie, lui causaient une tristesse profonde.

Champagnac se souvenait du premier janvier, là-bas, à Tarbes, auprès de sa famille; des petits cadeaux imprévus qui venaient le réjouir; du long dîner où M. et Mme de Champagnac, entourés de quelques amis, souhaitaient le bon accueil à la nouvelle année, et disaient adieu à l'an qui s'en allait.

Georges de Montagny, Paul de Saint-Jean et Léon Dubodan tenaient à son égard, depuis quelques jours, une conduite qui ne leur était pas habituelle : ils causaient entre eux et se taisaient à l'approche de Marius.

Le pauvre garçon pensait que ses trois amis s'occupaient, comme les autres élèves, des prochaines vacances, mais il se figurait qu'on le tenait volontairement à l'écart.

Il mettait cette façon d'agir sur le compte de la délicatesse de ses camarades, qui ne voulaient point, sans doute, lui causer de la peine en lui donnant à envier les plaisirs qu'ils se promettaient.

Aussi, sa tristesse augmenta-t-elle encore. Son caractère devint sombre. Il se mit à éviter ses camarades parce qu'il croyait les gêner de sa présence.

Un événement qui mit le comble à sa douleur arriva la veille des vacances.

Il reçut une lettre de sa mère, à qui il n'avait pu s'empêcher de confier la cause de ses chagrins.

La digne Mme de Champagnac, aussi désolée que son fils, avait mis dans cette lettre toute son affection maternelle, et quoiqu'elle eût voulu donner du courage à son cher petit Marius, on sentait que son cœur souffrait d'une grande souffrance.

Marius vit sur le papier des traces de larmes.

Alors toute sa tristesse, toutes ses inquiétudes, toutes ses plaintes augmentèrent encore. Il songea à sa pauvre mère, qui avait pleuré en écrivant cette lettre, et de grosses larmes, qu'il avait peine à retenir sous ses paupières, tombèrent sur son pupitre, lentes et lourdes.

C'était à l'étude. Pour qu'on ne le vît pas, Marius faisait semblant d'écrire, tandis qu'en réalité sa plume restait immobile. De sa main gauche où s'appuyait sa tête, il faisait un abri pour cacher ses yeux pleins de pleurs.

Pourtant Saint-Jean, qui l'observait, le fit remarquer à Dubodan.

Les deux collégiens échangèrent un regard; ils s'étaient compris.

Pendant les quelques jours où notre ami Marius de Champagnac se désolait ainsi, et lorsqu'il croyait ses trois camarades adonnés à la joie des vacances prochaines et indifférents à son triste sort, Montagny, Dubodan et Saint-Jean s'occupaient, au contraire, de lui.

Le pacte d'affection qu'ils avaient formé entre eux n'était pas un vain mot. Ils avaient songé, eux aussi, à la situation de Champagnac, et ils s'étaient promis de lui faire oublier, dans la mesure du possible, l'absence du pays natal et des parents aimés.

Ils avaient résolu d'emmener Marius dans leur famille et de lui faire passer gaiement le temps des vacances.

Mais sur ce point, Montagny, Saint-Jean et Dubodan se trouvèrent tout à coup divisés. En effet, chacun d'eux voulait se charger de Marius. Chacun revendiquait le droit et le plaisir de faire sortir Champagnac.

Voilà le seul motif des longues conversations qu'ils avaient ensemble et voilà pourquoi ils se taisaient à la venue du protégé que leur amitié se disputait.

Ces trois lycéens, si unis jusqu'alors, faillirent se fâcher sur ce point, aucun d'eux ne voulant céder.

Saint-Jean et Dubodan reconnaissaient bien, en eux-mêmes, que

Léon Dubodan.

Montagny, par son âge, par sa position, par la supériorité réelle qu'il possédait, méritait mieux qu'un autre de faire sortir Champagnac, mais ils se défendaient de l'avouer.

Cependant, après avoir vu la douleur que le petit Gascon venait d'éprouver à l'étude, et après avoir réfléchi qu'il fallait prendre une décision le jour même, ils se hâtèrent d'aller trouver Montagny à la récréation suivante.

Saint-Jean, ayant résumé ce qu'ils avaient vu et ce qu'ils avaient pensé, fit à Montagny la proposition suivante :

— Écoute, dit-il, puisque personne de nous ne veut céder, je te propose au nom de Dubodan et au mien, de nous en rapporter au hasard; c'est lui qui décidera.

— Que veux-tu dire?

— Je vais jeter en l'air cette pièce de dix centimes. Si elle tombe pile, tu emmèneras Champagnac ; si elle tombe face, le Gascon viendra avec moi.

— Eh! mais, s'écria Dubodan, vous m'oubliez!

— C'est juste, dit Montagny. Le gagnant de cette première partie jouera ensuite avec Dubodan, et le dernier vainqueur se chargera de Marius. J'accepte la proposition.

— Allons, dit Saint-Jean ; et, tirant de sa poche une pièce de dix centimes, il la lança le plus haut qu'il put.

La pièce tomba, et les trois collégiens se baissèrent pour voir le côté qu'elle montrait.

— J'ai perdu! dit Montagny avec déception.

La pièce était tombée face.

— A nous deux! s'écria Saint-Jean en défiant Dubodan.

— Les conditions, dit ce dernier, sont les mêmes. n'est-ce pas? que pour Montagny. Il est convenu que si la pièce tombe pile, Marius devient mon hôte.

— Parfaitement, dit Saint-Jean en lançant de nouveau la pièce.

Et cette fois encore elle tomba face.

— J'ai gagné! s'écria joyeusement le petit Saint-Jean.

Et, mettant ses mains sur sa bouche en forme de porte-voix, il appela dans la cour : « Champagnac! Champagnac! »

Notre Gascon, qui se tenait à l'écart. se dirigea vers l'endroit d'où partait cette voix.

Mais avant qu'il fût arrivé auprès du groupe des trois amis, ceux-ci étaient déjà convenus qu'aux vacances de Pâques, Dubodan prendrait

Marius, et qu'aux grandes vacances Montagny l'emmènerait en Touraine, si M. et Mme de Champagnac ne pouvaient pas le faire venir auprès d'eux.

Cependant Champagnac s'était approché.

— C'est vous qui m'appelez? dit-il avec un étonnement inquiet.

— Oui, c'est nous, répondit Saint-Jean, ou plutôt c'est moi, car j'ai quelque chose à te demander. Veux-tu me faire un plaisir, Marius?

— Quel plaisir? dit Champagnac sans comprendre.

— Celui de venir passer avec moi, chez mes parents, les congés du jour de l'an.

Le saisissement de Champagnac fut si grand qu'il resta muet d'abord, ne sachant pas si on se moquait de lui. Pourtant, Saint-Jean lui tendait la main, et Montagny et Dubodan lui faisaient signe d'accepter avec des regards affectueux.

— C'est vrai? murmura-t-il. C'est vrai? Vous n'étiez donc pas fâchés contre moi? Vous pensiez donc encore à moi, au moment où je croyais, au contraire...

Et son émotion fut telle qu'il dût s'arrêter.

— Oui, Champagnac, nous pensions à toi, dit gravement Montagny, qui ne tutoyait Marius que dans les grandes occasions; et nous nous disputions depuis plusieurs jours pour savoir qui de nous t'emmènerait en vacances. C'est le sort qui a décidé.

Alors Dubodan raconta avec volubilité ce qui s'était passé, et Marius de Champagnac, ne cherchant pas à dissimuler combien il était heureux, s'écria :

— Ah! mes chers et bons amis, comment pourrai-je vous remercier et vous donner la preuve de mon affection profonde?

Et Montagny s'écria :

— Ta joie nous remercie déjà, et nous savons depuis longtemps que nous pouvons compter sur ton amitié. Par conséquent, tu ne nous dois rien, ami Marius de Champagnac.

CHAPITRE IX

Comment Marius de Champagnac fut conduit chez le commissaire de police.

Le petit Gascon écrivit à sa mère la bonne nouvelle, et le lendemain Paul de Saint-Jean, avec l'autorisation du censeur, emmenait son ami Marius.

L'air éveillé de Champagnac, sa mine intelligente, plurent dès le premier abord à M. et Mme de Saint-Jean, qui l'accueillirent avec une amabilité fort sincère.

De nombreuses étrennes arrivèrent le premier janvier à l'adresse de Paul, se composant de livres et de jouets de toutes sortes.

Forcément, Marius restait les mains vides.

Paul avait beau lui apporter ses cadeaux et les lui faire voir, Marius sentait bien que ces choses ne lui appartenaient pas, et la réserve qu'il s'imposait diminuait son plaisir.

Le petit Saint-Jean, un peu surpris d'abord de l'attitude de son ami, d'ordinaire si vif et si gai, finit par comprendre.

Après le déjeuner il conduisit Marius dans sa chambre, où se trouvaient toutes ses étrennes et il lui dit :

— Marius, tu vas me faire un nouveau plaisir.
— Lequel?
— Celui de choisir là dedans tout ce que tu voudras.
— Vrai? dit Champagnac avec joie.
— Oui.

Alors Marius promena ses regards sur les étrennes de Saint-Jean. Ils ne s'arrêtèrent pas longtemps, il faut le reconnaître, sur la pile de livres aux reliures dorées qui brillaient sur une table, mais, au milieu des jouets, ils se mirent à fixer avec obstination un superbe canon de bronze, un véritable canon en miniature qu'on pouvait charger à poudre et à plomb et qui détonait avec un vacarme suffisamment assourdissant.

Paul suivait les gestes de Marius. Quand il le vit étendre doucement la main du côté de cette arme superbe, il eut comme un mouvement de contrariété. Ses sourcils se rapprochèrent sous l'influence d'un léger dépit; mais, reprenant bientôt tout pouvoir sur lui-même, il dit à Champagnac qui, en fin Gascon qu'il était, s'était bien aperçu de ce nuage :

— C'est le canon que tu veux?

— Dame! répondit avec malice Marius de Champagnac, à moins que cela ne te contrarie! Mais j'ai choisi cette pièce parce que je t'ai souvent entendu dire que tu n'avais pas des goûts belliqueux. Par conséquent...

— Tu as parfaitement raison, dit Saint-Jean en interrompant Champagnac; moi, je n'aime que les livres, et tu vois que j'en ai autant que j'en puis lire; le canon est désormais ta propriété.

Et, ce disant, Saint-Jean se baissa, prit le magnifique canon avec grand soin, l'approcha de la fenêtre et le remit à Marius, après l'avoir contemplé avec un semblant de regret bientôt disparu.

Champagnac avait suivi cette pantomime sans paraître y faire attention.

Quand il fut en possession du canon, il demanda à Saint-Jean si on ne pourrait pas l'essayer.

— Ah! il faut en demander la permission à papa, dit Paul.

— Eh bien! répondit Marius sans se déconcerter, va la lui demander.

Saint-Jean n'avait évidemment rien à répliquer à cette très logique réponse. Il alla trouver son père qu'il ramena avec lui.

M. de Saint-Jean, après s'être assuré que les enfants ne couraient aucun danger, essaya le canon et laissa une pincée de poudre à la disposition du jeune artilleur.

Afin d'éviter les accidents, M. de Saint-Jean informa le collégien qu'il ne lui délivrerait de petites provisions de poudre, à une dose sagement calculée, qu'au fur et à mesure que les précédentes seraient épuisées.

Marius, enchanté, se mit donc à charger le canon, à le faire partir, à le recharger et à le faire retentir de nouveau.

Du coin de l'œil il observait Saint-Jean, qui affectait d'être plongé dans la contemplation d'un gros livre illustré, et qui avait commencé par afficher son profond dédain pour ces exercices guerriers.

Pourtant il était très fâché contre lui-même. Il regrettait déjà, non pas d'avoir fait ce cadeau à son camarade, mais de s'être mis si ostensiblement à part de ses jeux.

Mais il avait dit que les livres seuls étaient son plaisir, et il n'était pas en humeur de se démentir si vite.

Quant à Marius, il devinait fort bien ce qui se passait dans l'esprit de Saint-Jean.

Il ne fallait que le motif le plus futile pour que Paul abandonnât son livre et vînt se mêler à l'exercice.

Ce motif fut trouvé :

— Paul! dit-il.

— Quoi? fit Saint-Jean tout prêt à venir.

— Viens donc sentir comme le canon est déjà chaud!

Saint-Jean ne se fit pas répéter deux fois l'invitation.

Déjà il était auprès de Champagnac.

Il tâta le canon.

— En effet! dit-il, il faut le laisser reposer quelque temps; il faut aussi le nettoyer.

— Le nettoyer? demanda Marius; comment faire?

Alors, sans lui répondre, Saint-Jean prit le canon, et, avec une habileté surprenante, il le dévissa, le démonta, et ne le remit sur son affût que parfaitement nettoyé.

— Eh bien! dit Champagnac en semblant fort étonné, tu connais donc la manœuvre?

— Un peu! murmura Paul en rougissant.

— Tiens! et moi qui croyais... Mais alors charge-le maintenant... tu t'en acquitteras mieux que moi.

Saint-Jean ne demandait pas autre chose.

Il entra dans l'artillerie avec une telle ardeur, qu'il n'y en eut bientôt plus que pour lui.

Et ce fut son ami Champagnac qui, fatigué le premier, s'en alla prendre la place de Paul, se mettant à feuilleter les livres.

Le lendemain, le petit Saint-Jean demanda la permission à ses parents d'aller montrer à son ami Marius de Champagnac les boutiques du boulevard.

Un domestique fut chargé d'accompagner les deux jeunes lycéens, à qui Mme de Saint-Jean recommanda de ne pas se perdre dans la foule et de ne pas rester trop longtemps dehors.

Cependant Paul et Marius, partis sitôt après le déjeuner, n'étaient pas encore rentrés à cinq heures du soir.

Mme de Saint-Jean, inquiète, fit informer son mari de l'absence incompréhensible des enfants.

M. de Saint-Jean rassura sa femme. Il supposait que la curiosité du jeune Gascon, naturellement très excitée par la vue des boulevards au jour de l'an, avec leurs milliers de boutiques, les étalages de toutes sortes, les camelots criant les jouets nouveaux, les parents qui achetaient, les enfants qui demandaient, les badauds qui regardaient et les passants qui précipitaient leur marche à travers la foule, avait fait oublier l'heure aux deux enfants ainsi qu'au domestique chargé de leur garde.

Six heures sonnèrent, et aucune nouvelle des absents ne parvenait à M. et Mme de Saint-Jean.

Que s'était-il passé?

Quel événement ou peut-être quel accident était-il arrivé, pendant cette promenade qui semblait ne devoir présenter aucun péril?

M. de Saint-Jean, devenu à son tour très perplexe, ne savait quel parti prendre.

Où aller, en effet ?

Sur les boulevards? Mais les enfants ne s'y trouvaient certainement plus à cette heure.

Et puis, d'un moment à l'autre, n'allaient-ils pas rentrer pendant que, lui, il serait dehors à leur recherche devenue inutile.

Les domestiques partageaient l'inquiétude de leurs maîtres.

Ils ne s'expliquaient pas l'absence prolongée de François, le vieux valet de chambre.

Le père et la mère de notre ami Paul étaient dans le salon, se consultant encore, lorsque la porte s'ouvrit tout à coup.

— Voici M. Paul! cria la femme de chambre; il rentre avec François!

— Et Marius? dit M. de Saint-Jean, Marius n'est-il pas là?

Au même instant la porte s'ouvrit de nouveau, et Paul parut suivi de François.

Mme de Saint-Jean l'attira dans ses bras, très émue et aussi très heureuse :

— Ah! mon cher enfant, dit-elle, nous as-tu fait peur! Que t'est-il arrivé? parle, parle vite!

— Et ton ami Marius? répéta M. de Saint-Jean. Marius! où est-il?

Alors Paul, un peu essoufflé et aussi un peu troublé, répondit en hésitant :

— Il est chez le commissaire de police.

— Hein? que dis-tu?

— Oh! il n'a pas fait de mal! se hâta de répondre Paul.

— Mais comment se fait-il...?

— Ce n'est pas de sa faute, petit père, dit Paul en prenant la défense de son ami. C'est toute une histoire où nous avons été mêlés malgré nous, n'est-ce pas, François?

Le vieux domestique inclina la tête.

Paul reprit :

— Le commissaire de police n'a gardé Marius que pour te le rendre à toi-même, car il a besoin de te voir.

— Je vais aller chez lui immédiatement, dit M. de Saint-Jean, mais auparavant il faut que tu m'apprennes ce qui s'est passé !

— Eh bien ! petit père, il faut que tu saches d'abord que lorsque Marius de Champagnac arriva à Paris, il fut abordé par un individu qui, sous prétexte de lui indiquer son chemin, lui vola une lettre contenant de l'argent. Cet argent, sa famille l'envoyait au censeur et devait servir à payer sa pension. Marius, qui avait cru déjà revoir son voleur devant le lycée, avait raconté sa mésaventure à M. Delormel, et, sur son conseil, il avait même déposé une plainte.

Il y a plusieurs mois de cela, et nous avions oublié cette affaire, mais Marius se souvenait.

Nous nous promenions depuis longtemps sur les boulevards et nous étions arrivés devant le boulevard des Capucines, entre la rue de la Chaussée-d'Antin et la place de l'Opéra, nous disposant à revenir bientôt à la maison. Marius regardait, très étonné, très surpris et plus émerveillé qu'il ne voulait le paraître, tout ce qui s'offrait à nous.

Pour qu'il ne nous perdît pas dans la foule, très compacte en cet endroit-là, je m'étais mis à sa droite, et François restait à sa gauche.

Soudain, je sens mon Marius faire un mouvement ; je porte les yeux sur lui ; il était devenu tout rouge ; d'abord il resta immobile, puis, étendant le bras dans la direction de la Chaussée-d'Antin, il s'écria :

« Lui ! lui ! C'est mon voleur ! »

Et avant que j'eusse pu le retenir, il avait déjà écarté la foule et disparu.

Tout cela s'était fait dans l'espace de quelques secondes.

Déjà Marius, jouant des coudes, bousculant les uns, poussant les

Marius, jouant des coudes, bousculant les uns...

autres, avait fait une trouée dans le monde qui se pressait là, et, comme je te l'ai dit, il avait disparu.

Mais le cri qu'il avait jeté en s'enfuyant avait été entendu.

Le mot « voleur » surtout était parvenu aux oreilles de tous ceux qui étaient près de nous. On s'était retourné, arrêté, puis on était allé dans la direction qu'avait prise Marius.

Naturellement François et moi nous nous étions jetés sur ses traces. Nous courions le plus vite possible, mais sans cesse la foule nous barrait le passage.

Ce fut à grand'peine que nous arrivâmes au coin de la Chaussée-d'Antin.

Là, stationnaient plusieurs gardiens de la paix.

François s'adressa à eux, et leur demanda s'ils avaient vu passer un jeune collégien qui criait au voleur.

« — Certainement, répondirent-ils, et ce petit collégien doit être en ce moment en train de s'expliquer chez le commissaire de police, où un des nôtres l'a conduit. Allez au commissariat, vous retrouverez votre jeune homme. »

Tu penses bien, continua Paul, que nous ne nous le fîmes pas dire deux fois.

En entrant dans le bureau du commissaire, la première personne que j'aperçus fut mon ami Champagnac.

Il était assis sur un banc et paraissait, ma foi! parfaitement tranquille.

« — Que fais-tu là? lui dis-je, assurément beaucoup plus ému qu'il ne l'était lui-même.

« — Ce que je fais là, me répondit-il, avec l'accent que tu lui connais, ce que je fais là, mon cher? j'attends tout simplement, d'un côté, le commissaire de police, et, de l'autre côté, mon voleur!

« — Ton voleur?

« — Mais oui! le gardien de la paix m'a amené ici en m'assurant que mon voleur allait certainement être arrêté, et qu'il serait amené ici pour être mis en ma présence. Donc, comme tu le vois, j'attends!

— « Mais quel voleur enfin? »

Et c'est alors que Marius me rappela le vol dont il avait été victime en débarquant à Paris.

L'individu qu'il avait reconnu dans la foule, sur le boulevard, était justement ce voleur.

Nous attendîmes, nous attendîmes longtemps, et l'heure était passée où nous devions revenir ici, quand le commissaire arriva.

Mais il arriva seul, d'un côté.

Pas le plus petit voleur, de l'autre côté, comme disait Marius.

Les agents n'avaient pu mettre la main sur cet individu.

Le commissaire se fit raconter l'histoire de Marius, et quand il apprit que tu étais son correspondant momentané, il nous renvoya, moi et François, en nous recommandant de te prier de venir jusqu'à son bureau.

Voilà toute l'affaire.

— Heureusement cela n'a rien de grave, dit M. de Saint-Jean, quand son fils eut terminé son récit. Je vais vous ramener ce terrible petit Gascon, qui révolutionne les boulevards et dérange les commissaires de police. Mettez-vous à table en nous attendant.

La gaieté était revenue heureusement dans la maison de Saint-Jean, car bientôt le père de Paul rentrait avec Champagnac.

M. de Saint-Jean avait naturellement répondu de son protégé, et avait aidé Marius à fournir au commissaire tous les renseignements voulus sur son voleur insaisissable.

Marius pourtant gardait un front soucieux.

— Mais qu'as-tu donc encore! finit par lui demander Paul au moment de s'aller coucher.

— Je n'ai rien! répondit Marius ; mais il ajouta, en murmurant : Oh! je le retrouverai! je le retrouverai!

M. de Champagnac fils pensait encore à son voleur!

La journée du lendemain, très pluvieuse, empêcha nos collégiens de sortir.

D'ailleurs, Paul n'insista pas beaucoup pour aller se promener. Il se rappelait les péripéties de la veille et craignait que son fougueux ami Marius, toujours possédé de son idée fixe, ne se mît à reconnaître son voleur dans chaque passant.

Cela, évidemment, n'aurait pas été fort gai, et c'était dans les choses possibles.

Marius et Paul restèrent donc à la maison.

Ils commencèrent par tirer le canon, puis ils déjeunèrent, puis ils lurent, puis ils retirèrent le canon, puis ils relurent, et enfin ils se regardèrent, très ennuyés, très indécis, se demandant de quelle façon ils allaient finir la journée.

Paul se gratta le front comme pour en faire jaillir une idée; mais il ne trouva rien probablement, car il leva les yeux sur Marius après un certain temps, et répondit à la question muette de son ami par ces mots :

— Je ne sais pas!

— Eh bien, moi, je sais! dit le jeune Gascon, dont la cervelle était fertile en ressources. Nous allons jouer au billard!

— Au billard?

— Oui. Ce n'est pas défendu, j'espère?

— Papa ne m'a pas interdit de jouer au billard, mais nous ne sommes pas assez grands pour cela. D'abord sais-tu y jouer, toi?

— Parbleu! répondit Champagnac qui ne doutait jamais de rien.

L'assurance de son ami excita un peu l'amour-propre de Paul.

Pourtant il osa dire :

— Mais je ne sais pas, moi.

— Eh bien, je t'apprendrai!

Devant une réplique aussi nette, il n'y avait pas à résister.

— Allons! dit Paul en conduisant Marius vers la salle de billard où M. de Saint-Jean jouait quelquefois le soir avec ses amis.

La salle était, pour le moment, déserte.

Le tapis du billard fut bien vite enlevé. Les billes, prises dans leur boîte, furent posées sur le tapis, et les queues, deux fois plus grandes que les joueurs, furent retirées de leur place.

Marius de Champagnac avait assisté dans l'auberge de son village à quelques parties de billard. Il les avait suivies avec assez de soin pour se rappeler quelques mots et quelques définitions, qu'il destinait à éblouir Saint-Jean. Mais c'était tout.

Jamais notre petit Gascon n'avait tenu une queue ni touché à une bille. Mais dans son imagination merveilleuse il se figurait assurément

Vois-tu, pour faire ce coup-là il faut prendre la bille en dessous.

savoir jouer au billard « comme Billard lui-même ». C'était là une des locutions qu'il avait retenues.

Il posa lui-même les billes sur les mouches et se mit à essayer le carambolage.

Pour son premier coup il manqua de touche ; mais, ne se démontant pas pour si peu, il voulut indiquer à Saint-Jean la manière de tenir sa queue, de viser, de pousser la bille, de faire des effets, etc., etc.

Saint-Jean ne réussissait pas mieux que son professeur, et comme ils étaient trop petits pour dominer le tapis de leur hauteur, ils montaient sur le billard, s'agenouillaient, se mettaient à plat ventre et se livraient plutôt à une véritable gymnastique qu'au noble jeu de billard.

Malgré tous ses efforts, Champagnac ne faisait pas plus de points que Saint-Jean. Il était visiblement désappointé.

— Mais, lui dit enfin le petit Saint-Jean avec un sourire assez moqueur, mais je croyais que tu savais jouer?

— Certainement! certainement! répondit Marius, mais il me manque quelque chose...

— Quoi donc?

Marius chercha quelque temps, car il ne savait pas trop ce qui lui manquait.

— Ah! s'écria-t-il, j'y suis! Nous n'avons pas de blanc!

— Pas de blanc? répéta Saint-Jean.

— Eh oui! comment veux-tu faire des carambolages si l'on ne met pas de blanc sur les procédés? Nous n'avons pas de blanc, et voilà pourquoi nous jouons mal. Cherchons! Il doit y en avoir ici.

Les deux amis cherchèrent, et finirent par trouver dans un coin le blanc si désiré.

Alors Marius de Champagnac en frotta son procédé avec une habileté sans pareille aux yeux de Paul, qui s'empressa d'imiter son ami.

— Et maintenant tu vas voir! s'écria Marius en s'étendant sur le billard. Regarde bien et écoute bien le carambolage.

Paul ouvrit les yeux et prêta les oreilles.

Allait-il connaître enfin la force de son ami Champagnac?

— Vois-tu, dit Marius, pour faire ce coup-là, il faut prendre la bille en dessous.

Et notre Gascon, s'appliquant de toute son attention, donna un grand coup de queue sur l'une des billes blanches.

Mais, hélas! trois fois hélas! au lieu du choc des billes qui était attendu, voici qu'un bruit sec, étouffé, imprévu, se fait entendre.

Le tapis, le superbe tapis vert du billard de M. de Saint-Jean venait d'être déchiré sur une longueur de plusieurs centimètres!

Marius, plein de confiance en lui, avait hardiment, comme il l'avait dit, pris la bille en dessous, mais si en-dessous, que le procédé, frottant le tapis au lieu de pousser la bille, l'avait crevé de la plus belle façon du monde.

Paul, qui avait suivi le coup avec beaucoup d'anxiété, devint tout pâle, pendant que Champagnac, très rouge, s'approchait et examinait, d'un air assez piteux, la magnifique déchirure.

Les deux enfants se regardèrent fort troublés.

Que devaient-ils faire en pareille occasion?

Paul savait que son père serait très mécontent quand il apprendrait cet accident. Un accroc sur un tapis de billard oblige à remplacer le tapis, ce qui est déjà une dépense. Puis cela prend du temps, et enfin le tapis nouveau peut n'être point aussi bon que le tapis ancien. De plus, les deux collégiens avaient pris eux-mêmes l'autorisation de se servir de ce billard.

— Que dira papa? dit Paul en résumant en trois mots sa pensée et celle de Marius.

Il faut le dire à l'avantage de notre jeune Gascon, Marius n'hésita pas :

— Je dirai que c'est moi qui ai voulu jouer et que c'est moi qui ai déchiré le tapis. C'est la vérité, d'ailleurs, et tu ne pourras être grondé!

— Oui, dit Paul, mais cela fera très mauvais effet pour toi. Il vaut mieux que je m'avoue coupable. On me réprimandera un peu, mais le mécontentement de papa passera plus vite.

— Pourquoi? dit Marius.

— Parce que papa, c'est... papa! répondit naïvement et bonnement Saint-Jean.

Cette réponse fit réfléchir Marius, et l'attrista un peu.

En effet, il pensait comme son petit camarade, et il eût de même pris la faute sur lui, si au lieu d'être à Paris chez M. et Mme de Saint-Jean, il se fût trouvé en Gascogne chez M. et Mme de Champagnac.

Il laissa donc faire à Paul ce qu'il aurait fait lui-même. Seulement, après le dîner, quand Paul se fut accusé de la déchirure du tapis, il lui prit la main et lui dit :

— Que de choses je te dois! Et que ferai-je pour m'acquitter? J'espère pourtant avoir enfin mon tour!

Désireux de faire plaisir à leur fils et contents de causer une surprise à leur jeune hôte, M. et Mme de Saint-Jean avaient formé le projet de donner avant la fin des vacances du jour de l'an un bal masqué.

On annonça un soir cette nouvelle aux deux collégiens.

— Quel costume désires-tu? demanda à son fils Mme de Saint-Jean.

Et, comme Paul ne répondait pas, elle s'adressa à Marius.

— Et vous, mon petit ami, comment voulez-vous être habillé?

— En mousquetaire! répondit hardiment, sans hésiter, notre jeune Gascon, qui se voyait déjà sous l'uniforme des vaillants soldats de Louis XIII.

— En mousquetaire, c'est entendu! dit Mme de Saint-Jean. Et toi, Paul?

— Moi, je voudrais un costume d'abbé Louis XV.

— Tu veux te mettre en abbé? dit Champagnac avec étonnement.

— Pourquoi non? répondit posément le petit Saint-Jean en regardant son ami. Tu te mets bien en mousquetaire!

Cette réponse parut probablement assez catégorique à Marius, car il n'insista pas sur le choix de ce costume.

— Et quand aura lieu cette fête? demanda Paul à sa mère.

— Dans deux jours, c'est-à-dire la veille de la rentrée.

Paul regarda Mme de Saint-Jean.

— Maman, dit-il, si l'on pouvait écrire à Montagny et à Dubodan...

— C'est déjà fait! dit alors avec un sourire M. de Saint-Jean. J'ai écrit au père et à l'oncle de tes amis, et je puis t'assurer qu'ils seront des nôtres.

— Quel bonheur! s'écrièrent en même temps Paul et Marius.

Puis, ils ajoutèrent comme se parlant à eux-mêmes :

— Quels costumes prendront-ils?

— Ah! nous n'en savons rien! répondit M. de Saint-Jean; mais vous pouvez être certains que leurs déguisements seront choisis avec goût. En attendant, on va s'occuper des vôtres : un petit abbé Louis XV et un beau mousquetaire Louis XIII, c'est une affaire convenue!

Pendant deux jours l'appartement fut mis sens dessus dessous par les tapissiers. On enlevait les meubles, on apportait des sièges, on accrochait des lustres, on déclouait les tapis, et des fleurs étaient placées dans l'escalier, dans le vestibule et dans les salons. Paul et Marius, tout entiers à l'idée de cette fête, jouaient un peu, à eux deux, le rôle de la mouche du coche.

Ils allaient, venaient, rangeaient et surtout dérangeaient, croyant aider les ouvriers et les domestiques et plutôt entravant leur besogne; mais ils étaient si joyeusement pressés que personne n'eût pu les en blâmer.

Le grand jour vint enfin, et le costumier se présenta dans la matinée pour essayer les costumes des deux enfants.

Marius se hâta de revêtir son belliqueux habillement, et ce fut avec componction que Paul entra dans l'habit et la culotte courte de l'abbé.

Puis alors tous deux se regardèrent.

— Que tu es gentil! s'écria franchement Marius, en voyant la tête frisée de Paul émerger du rabat blanc qui piquait sa note éclatante sur le sombre du reste de l'habillement. Et quel mignon petit abbé tu aurais fait!

A cette exclamation pleine de gaieté Paul ne répondit pas.

Il examinait avec soin le beau mousquetaire qu'il avait devant lui.

De fait, Marius de Champagnac était superbe avec ces hautes bottes de cuir fauve, sa casaque en drap bleu galonnée d'or et chargée de quatres grandes croix banches brodées sur la poitrine, sur le dos et et sur les manches, son large chapeau noir à plume blanche et sa longue épée au côté.

Gracieusement campé, l'air martial, bien à l'aise, on eût juré que notre Gascon n'avait jamais de sa vie porté d'autre costume.

Paul de Saint-Jean ne pouvait se défendre d'un réel sentiment d'admiration, et même d'une envie secrète.

On eût dit qu'il avait quelque chose à dire et qu'il hésitait à parler.

— Eh bien, monsieur, demanda le costumier, avez-vous quelque observation à me faire?

Sans répondre directement à cette question, Paul dit d'un ton assez timide :

— Faudrait-il longtemps pour me faire un costume comme celui-là?
Et il montrait celui de Marius.

— On pourrait, au besoin, vous en préparer un semblable pour ce soir.

— Alors, attendez-moi.

Paul se rendit chez sa mère et lui demanda l'autorisation, qu'il obtint, de faire changer son costume.

Il rentra bientôt, cette fois, le front rayonnant :

— Vous pouvez m'apporter, dit-il, un costume de mousquetaire pour ce soir. Ma mère consent à ce que vous remportiez celui-ci.

Le costumier, après avoir promis de livrer à huit heures, le soir même, le costume désiré, se retira.

Paul restait un peu embarrassé devant son ami Marius ; mais le malin Gascon déclara aussitôt qu'il approuvait complètement la détermination de son ami, sans paraître se douter du motif qui l'avait fait agir, et l'incident fut oublié.

La journée passa vite, et le moment du bal approchait.

Paul et Marius finissaient de dîner auprès de M. et Mme de Saint-Jean, quand un coup de timbre annonça un arrivant.

— C'est M. Léon Dubodan, vint dire un domestique.

— Faites-le entrer! commanda aussitôt M. de Saint-Jean.

Alors on vit entrer un resplendissant mousquetaire, portant sur sa casaque un baudrier magnifique en broderies d'or et les épaules couvertes d'un long manteau de velours cramoisi.

Cet uniforme était un peu de fantaisie, mais il seyait parfaitement au caractère de notre excellent ami Dubodan.

— En mousquetaire! s'écrièrent Paul et Marius, tout en serrant la main du nouveau venu, qui avait déjà salué et remercié de leur aimable invitation M. et Mme de Saint-Jean.

— Oui, en mousquetaire, répondit Dubodan ; mais d'où vient votre étonnement.

— C'est que, murmura Saint-Jean, Champagnac a eu la même idée... et moi aussi!

— Et bien, tant mieux! s'écria Dubodan en montrant sa bonne figure réjouie ; cela prouve que nous sommes unis dans les mêmes sentiments. Plus il y aura de mousquetaires, mieux ça vaudra. D'abord, c'est un costume superbe. Examinez le mien!

Et, tout fier, Léon Dubodan tourna sur lui-même pour faire apprécier à ses camarades le luxe de ses habits.

Marius se répandit en interjections flatteuses. M. et Mme de Saint-Jean accueillirent avec bienveillance cette marque de vanité innocente, et Paul sourit de son petit air malicieux.

— Et Montagny? dit-il. As-tu des nouvelles de Montagny? Nous l'attendons.

— Je le sais ; il m'a écrit qu'il viendrait.

A ce moment le timbre retentit de nouveau et le domestique annonça :

— M. Georges de Montagny.

— Quel costume a-t-il choisi? se demandèrent en même temps les trois camarades.

Montagny entra, tête nue, et, toujours avec sa gravité charmante, alla présenter ses respects aux parents de son ami Paul.

Il était enveloppé dans un long manteau brun, et tout ce qu'on pouvait voir alors, c'était une longue épée qui redressait les plis de ce manteau.

Montagny en imposait toujours un peu à ses amis, on ne l'ignore

Les trois petits mousquetaires.

pas; aussi, au lieu de le presser de se défaire de son manteau, Paul, Marius et Dubodan attendaient.

Enfin, lentement, mais de la façon la plus naturelle du monde, il se découvrit.

Alors, trois exclamations partirent à la fois des assistants.

Couché dans son petit lit, au milieu du dortoir paisible...

Georges de Montagny avait aussi revêtu l'uniforme des mousquetaires !

Et, comme on l'entourait, le complimentant sur la richesse sévère et élégante de son costume, il dit simplement :

— Il est assez exact, en effet. Il a été copié sur le portrait d'un de mes ancêtres, qui fut lieutenant aux mousquetaires du roi Louis XIII.

Montagny avait une manière de dire les choses qui inspirait toujours un certain respect à ses camarades, mais qui frappait surtout le brave Dubodan.

— Eh bien! dit ce dernier, tu seras ce soir notre lieutenant. N'est-ce pas, mes amis?

Paul et Marius confirmèrent, d'un commun accord, cette élection soudaine, et, une heure après, quand nos mousquetaires firent leur entrée dans la salle du bal, ils avaient à leur tête leur camarade Georges de Montagny, dont ils se plaisaient, une fois encore, à reconnaître la supériorité.

L'entrain du Gascon Champagnac, la bonne grâce de Montagny, l'esprit de Saint-Jean et la turbulence de Dubodan donnèrent à cette fête beaucoup d'éclat et de gaieté.

Marius surtout, qui n'avait jamais passé une telle soirée, se montrait émerveillé. Quelles bonnes vacances il avait eues là! Il ne lui manquait que d'avoir mis la main sur son voleur!

Mais il fallut rentrer au lycée, et, le lendemain soir, couché dans son petit lit, au milieu du dortoir paisible, éclairé par la lueur douce des lampes, veillé par un maître qui marchait à pas lents, Marius de Champagnac songeait aux tristes journées qu'il aurait passées si le hasard n'avait mis sur son chemin ces trois petits mousquetaires qui se nommaient Paul de Saint-Jean, Léon Dubodan et Georges de Montagny.

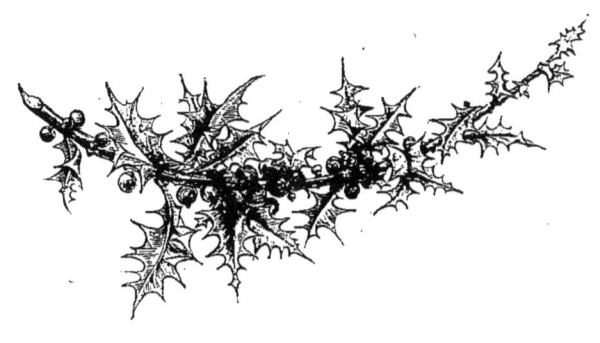

CHAPITRE X

Les ânes de Montmorency.

Les trois mois qui séparent le 1ᵉʳ janvier des vacances de Pâques s'écoulèrent avec calme.

Les trois collégiens n'eurent ni querelles à soutenir avec les étrangers, ni punitions à supporter de la part de leurs maîtres.

M. Delormel eut, à maintes reprises, occasion de témoigner son contentement à son petit compatriote Marius de Champagnac.

Le proviseur, lui-même, revenu des défiances que lui avait inspirées le jeune Gascon, le félicita cordialement un jour qu'il avait été premier en version latine.

Il ne fut pas jusqu'à Dubodan que ne gagnât l'exemple de ses amis.

Il se mit à piocher si bien, qu'il obtint une nomination, à Pâques, au prix d'excellence.

La joie de M. et de Mᵐᵉ Dubodan fut d'autant plus grande, qu'ils n'étaient pas habitués aux lauriers de leur fils.

Aussi, pour le récompenser, laissèrent-ils à Léon le soin de demander ce qui pourrait lui faire le plus de plaisir.

Les premiers jours d'avril étaient venus. Le clair soleil commençait à réchauffer la nature, et des feuilles d'un vert tendre se déployaient lentement hors des bourgeons, frissonnant sous le souffle printanier.

Léon Dubodan demanda à aller passer les vacances de Pâques à Montmorency avec ses trois amis.

Son père et sa mère ne mirent pas d'obstacle à ce projet, et Dubodan, enchanté de montrer à Marius le fameux château dont il était si fier, s'empressa de faire ses invitations.

Paul de Saint-Jean accepta avec l'assentiment de sa famille.

Champagnac fut trop heureux que son ami se souvînt qu'on l'avait joué autrefois à pile ou face, car ces vacances appartenaient à Dubodan.

Montagny seul, ne pouvant et ne voulant pas priver son oncle de sa présence, partit pour la Touraine.

Léon, Marius et Paul allèrent donc, avec M. et Mme Dubodan, s'installer à Montmorency.

A la vue du château singulier que nous avons décrit dans un chapitre précédent, le petit Saint-Jean ne put s'empêcher de sourire silencieusement. Quant à Marius, il eut un geste et une exclamation qui indiquaient un profond étonnement.

Il se retourna vers Saint-Jean pour échanger dans un rapide coup d'œil la bizarre impression qu'il ressentait; mais celui-ci, déjà revenu à son sang-froid ordinaire, ne broncha pas sous le regard de son ami.

Léon Dubodan, qui observait Paul et Marius, prit le sourire de l'un et le geste de l'autre pour des marques de profonde admiration.

— N'est-ce pas que c'est beau? dit-il.

Une petite toux improvisée vint couper la parole à Saint-Jean.

Champagnac, qui espérait que la réponse de Paul ferait coup double, se mit à envier cette toux si opportune; mais, ne pouvant se dispenser de parler et ne désirant pas enlever les illusions de l'excellent Dubodan, il se contenta de pousser des « oh! » sur des tons différents.

— Est-il aussi beau que le tien, mon château? reprit Dubodan.

— Hum! hum! dit Champagnac, à qui un enrouement subit, imité probablement de la toux de Saint-Jean, vint rendre un véritable service, il est beau, tu sais, mais il ne ressemble pas du tout au mien; non, ça n'est pas le même genre!

Ces paroles satisfirent sans doute Dubodan. Il fit alors visiter en détail à ses amis l'intérieur du « château »; après quoi, il s'occupa d'organiser pour le lendemain une grande promenade à âne.

Quoi qu'on dise, il y a encore des ânes à Montmorency.

Descendants d'une race célèbre qui fit la joie de nos aïeux, les ânes actuels ont gardé tous les défauts de leurs pères.

Ils sont rétifs, entêtés, volontaires, vicieux, vagabonds, paresseux, gourmands, et... bêtes comme des ânes qu'ils ont.

Le progrès n'a pas eu prise sur eux!

Donc, les ânes d'aujourd'hui présentent le même caractère que les ânes d'autrefois.

La seule différence qui existe entre les anciens et les nouveaux, c'est que ceux-ci sont beaucoup moins nombreux.

C'est une espèce qui tend à s'éteindre comme celle des carlins, et peut-être, dans quelques années, montrera-t-on le dernier squelette du dernier âne comme celui d'un animal antédiluvien!

Les montures que nos trois amis enfourchèrent le lendemain n'avaient point l'air redoutable. L'homme qui les avait amenées assura à M. et Mme Dubodan qu'il n'y avait nul danger à craindre. On laissa donc s'éloigner, après les recommandations d'usage, Léon, Paul et Marius, qui avaient abandonné, pour la circonstance, leurs uniformes du collège et revêtu des habits de campagne.

Les ânes avaient à gravir une petite route caillouteuse qui conduisait dans la forêt.

Ils allaient tranquillement, la tête basse, et semblaient déjà si éreintés, que leurs cavaliers les laissèrent d'abord aller à leur gré.

Mais, une fois dans la forêt, Marius, voyant que sa monture continuait son allure somnolente, résolut de la réveiller.

Il descendit, et, tirant son âne par la bride, s'approcha d'un buisson où il choisit et coupa une branche longue et flexible, qu'il essaya en la faisant siffler dans l'air.

— Que fais-tu? lui cria Dubodan.

— Je fais une cravache.

— Tiens! c'est une idée! Ce Champagnac a toujours des idées à lui!

Et Dubodan descendit pour couper une baguette; mais il ne pensa pas à retenir, comme le faisait Marius, son âne par la bride. D'ailleurs, l'animal, profitant de ce moment de liberté, s'était mis à brouter le gazon.

— Où est donc Saint-Jean? dit Marius en se retournant et ne voyant plus son ami.

— Ici, répondit une petite voix qui partait de la forêt, où Paul s'était enfoncé avec sa monture; je coupe aussi une petite baguette.

Et presque aussitôt, Saint-Jean reparut sur la route, tenant à la main une énorme branche de chêne. C'était ce qu'il appelait une petite baguette.

Comme il passait devant l'âne de Dubodan, Paul voulut essayer la vertu de sa baguette.

Il la plaça délicatement sous les yeux du baudet.

A la vue de ce gourdin, qui pour lui était plein de menaces, l'animal eut un violent mouvement de recul. La frayeur se peignit dans ses gros yeux.

Il regarda à droite et à gauche, et, voyant le passage libre, il partit au grand galop du côté d'où il était venu.

— Mon âne! s'écria Dubodan, qui sortait du bois avec une branche de noisetier! Mon âne qui prend le mors aux dents!...

Et en disant ces mots, il s'élançait sur les traces de son fougueux coursier!

Quant à Champagnac, lorsqu'il s'aperçut de ce qui se passait, il jeta sa bride à Saint-Jean et se mit à courir sur les traces de son ami, qui courait lui-même après sa monture.

Le petit Saint-Jean assistait tranquillement à cette scène, et le fin sourire de ses lèvres indiquait qu'il s'en amusait beaucoup. Il n'avait autre chose à faire qu'à garder son âne et celui de Marius. En attendant, il regardait.

Dubodan vint s'étaler sur le gazon, où, heureusement il ne se fit aucun mal.

L'âne courait toujours, Léon aussi, et Marius faisait comme l'âne et comme Léon.

L'odeur de l'écurie, la frayeur du gourdin de Saint-Jean, la peur qu'il avait d'être repris donnaient des ailes au baudet.

C'était un Pégase d'un nouveau genre!

Jamais de la vie, évidemment, il n'avait autant couru.

Mais Marius et Léon étaient agiles, pour son malheur. Il retourna un instant la tête, vit qu'il était perdu, et se rendit.

Par exemple, Dubodan et Champagnac éprouvaient une certaine difficulté à le ramener à l'endroit d'où il s'était sauvé. L'un tirait, l'autre poussait, et l'animal faisait de petits pas certainement bien à contre-cœur.

Enfin, tous les trois, fort essoufflés, se retrouvèrent auprès de Paul qui se reposait doucement à l'ombre.

— Que lui a-t-il donc pris, à cet animal? s'écria Dubodan avec sa grosse voix. On ne lui a pourtant rien fait! les autres ont l'air si tranquille!

En effet, les montures de Paul et de Marius broutaient paisiblement, et leur nonchalance indiquait que jamais elles ne seraient tentées d'imiter l'exemple de leur collègue.

— Quelque mouche l'aura piqué! dit Marius, qui, pas plus que Dubodan, n'avait vu le geste de Saint-Jean.

Alors celui-ci, qui avait eu le temps et le soin de comparer les allures de l'âne de Dubodan avec celles de son baudet et qui avait tout de suite arrêté son plan, prit la parole :

— Je crois savoir ce qu'il a, ton âne! dit-il.

— Ah! dit Léon, très étonné. Qu'a-t-il donc?

— Il a le malheur, sans doute, de ne pas te trouver à son goût.

— Hein? dit le brave Dubodan, qui s'ahurissait facilement. Tu crois?

— Oui, il est probable que ta figure lui déplaît. Il y a des ânes comme ça!

— Vrai? demanda Dubodan en se tournant vers Champagnac pour s'assurer qu'on ne se moquait pas de lui.

Mais Champagnac, qui ressentait toujours une secrète admiration pour les habitudes diplomatiques de Saint-Jean, et qui tenait à voir où celui-ci voulait en venir, garda le plus grand sérieux devant l'interprétation de Dubodan.

— Si c'est vrai, dit alors ce dernier, c'est bien ennuyeux, mais que voulez-vous y faire?

— Une chose bien simple, murmura Saint-Jean.

— Laquelle?

— Changeons d'âne.

— Que veux-tu dire?

— Monte sur le mien, à qui tu plairas sans doute davantage, et moi, je monterai sur le tien.

— Ah! voilà une excellente idée! s'écria Dubodan. Paul a toujours des procédés étonnants!

— Ça, c'est vrai! dit cette fois Champagnac, qui avait tout deviné, et qui échangea un coup d'œil avec Saint-Jean pour lui montrer qu'il n'était pas dupe de sa générosité.

Pourtant, une fois l'échange fait, Dubodan eut un scrupule.

— Mais, dit-il à Paul, si tu n'allais pas lui plaire non plus?

— Ne crains rien, répondit Paul en laissant voir le gourdin qu'il avait jusqu'alors dissimulé.

— C'est cela que tu appelais une petite baguette? s'écria Champagnac.

Paul de Saint-Jean ne répondit pas. Il se contenta de passer cette cravache, dont il avait déjà éprouvé la qualité, devant l'un des yeux de son âne.

Celui-ci, qui possédait de la mémoire, ne se fit pas répéter ce geste une seconde fois.

Aussitôt il partit au trot.

Pendant ce temps, le brave Dudodan cinglait la croupe de sa bête, qui ne voulait pas bouger, tandis que Marius avait toutes les peines du monde à faire marcher la sienne au pas.

La bonne figure de Dubodan était de plus en plus envahie par l'étonnement.

— Regarde donc Saint-Jean! cria-t-il à Marius. Comme il trotte sur mon âne! Comme il est déjà loin! Et le mien, je veux dire le sien, qui ne veut pas marcher! Encore un à qui je déplais! C'est à n'y rien comprendre, n'est-il pas vrai?

Marius de Champagnac avait compris, et il ne pouvait s'empêcher de sourire de l'habileté de Saint-Jean.

Pourtant, il se dit qu'une cravache du même genre que la sienne donnerait peut être également des résultats satisfaisants.

Il coupa une grosse branche, et alors, tapant tantôt sur l'âne de Paul et tantôt sur le sien, il parvint à les pousser tant bien que mal.

Mais, pendant que Marius et Léon parcouraient un sentier de la forêt, Paul l'avait déjà traversée et était déjà très loin.

Les deux amis finirent pourtant par rejoindre le cavalier au carrefour d'une grande route, où Paul s'était décidé à laisser souffler sa monture.

L'heure était venue du retour, et on reprit tranquillement le chemin de Montmorency; mais, avant la sortie du bois, Saint-Jean s'écria :

— Si nous faisions un dernier temps de galop avant de rentrer?

— Cela t'est facile à dire, à toi! répondit Marius.

— Et à faire! ajouta Dubodan.

— Essayons toujours!

— Essayons!

Le début de cet essai ne fut pas infructueux. Les ânes de Champagnac et de Dubodan, pris, peut-être soudain, par un mouvement d'amour-propre en assistant à ce spectacle extraordinaire qui consistait à voir galoper l'un de leurs frères, voulurent l'imiter.

Les trois ânes partirent ensemble. Saint-Jean tenait la tête, et Marius galopait aux côtés de Dubodan, quand tout à coup la monture de celui-ci s'arrêta et demeura immobile comme si un aimant invisible l'eût fixée au sol.

Cela ne faisait pas l'affaire de Dubodan, qui se mit à taper de jolie façon sur son âne.

D'abord, l'âne parut ne rien sentir; il supporta les coups que lui administrait son cavalier avec un stoïcisme digne des plus grands philosophes de l'antiquité; mais le cavalier était devenu aussi entêté que la monture et redoublait la dose.

Alors le baudet baissa la tête, souleva son train d'arrière et lança une ruade formidable.

Ce triple mouvement, exécuté avec une précision que ne purent s'empêcher d'admirer Marius et Saint-Jean, qui s'étaient arrêtés pour assister à cette lutte homérique, fut fatal au cavalier.

Notre excellent ami Dubodan décrivit une courbe assez peu gracieuse d'ailleurs, passa, en moins de temps qu'il ne faut pour l'écrire, par-dessus la tête et les oreilles de son âne, et vint s'étaler sur le gazon, où il ne se fit heureusement aucun mal.

Il se releva, fort en colère, et s'apprêtait à infliger une sévère correction à l'animal quand une réflexion 'arrêta :

— A quoi bon? dit-il, il ne comprendrait pas!

Marius et Saint-Jean approuvèrent cette pensée éminemment juste, avec une telle conviction que Dubodan se trouva consolé de sa mésaventure.

On rentra donc paisiblement au château, et Dubodan se jura, sinon de ne plus monter à âne, du moins de ne plus jamais changer de monture avec un ami!

Le lendemain de cette fameuse promenade à ânes, Léon Dubodan ne manifesta pas la moindre intention de sortir du château.

Une légère souffrance, provenant de sa culbute de la veille, le rendait peu ingambe; il préférait ne pas quitter le jardin, dont il n'avait pas fait admirer encore toutes les beautés à ses deux amis.

Il y avait, en effet, une serre dans ce jardin, et, il faut le reconnaître, cette serre était fort élégamment construite et fort joliment cultivée.

Des plantes de tous les pays du monde s'y étaient donné rendez-vous, sur les ordres d'un habile jardinier, et formaient un endroit charmant.

Des mousses festonnées et découpées avec un art exquis par la nature bordaient les allées garnies de sable fin. Des héliconias, des latanias, des bégonias, des fougères, des euphorbes et presque toutes les plantes des tropiques resplendissaient d'une végétation luxuriante.

Des vanilles aromatiques grimpaient le long des vitrages et venaient s'entremêler aux orchidées, qui s'échappaient de leurs suspensions et tombaient du dôme vers la terre.

Marius de Champagnac et Paul de Saint-Jean pénétrèrent avec leur hôte dans cette vaste serre et ils furent bientôt séduits par sa beauté.

Malheureusement, au milieu de tout ce monde végétal s'étendait une pièce d'eau, aux reflets clairs, bordée de lycopodes aux feuillages menus, et égayée par le murmure d'une petite cascade qui s'écoulait, au fond, de rochers en rochers.

Dans l'eau nageaient des poissons rouges qui attirèrent singulièrement l'attention de Champagnac.

Il regardait ces poissons avec une telle persistance que Dubodan finit par lui dire :

— Qu'examines-tu donc en ce moment?

— Ceci, dit Marius en montrant les poissons...

Puis il ajouta :

— As-tu des lignes?

— Pourquoi faire?

— Pour pêcher.

— Tu veux pêcher les poissons rouges? s'écria Dubodan.

Champagnac eut un mouvement de tête qui signifiait, à ne pas s'y tromper :

« Pourquoi pas? »

A ce mouvement Léon répondit par cette exclamation :

— Mais c'est défendu! absolument défendu!

— C'est dommage! murmura Marius.

Puis, il se mit à suivre ses amis, qui longeaient une allée contre la pièce d'eau.

Mais notre Gascon n'avait pas abandonné son idée. Il guetta le moment où Léon et Saint-Jean ne pouvaient pas le voir et, traversant la bordure de gazon, il s'approcha de l'eau.

De nombreux poissons se montraient à la surface, sans doute très tranquilles sur leur sort.

Mais Marius avait résolu de pêcher. N'eût-il ni ligne, ni hameçon, ni asticot, n'avait-il pas ses mains?

Il se pencha, attendit le moment où l'un de ces beaux poissons rouges passait à sa portée, et allongea le bras.

A ce moment, Dubodan et Saint-Jean entendirent un bruit singulier qui les fit s'arrêter.

On eût dit qu'une masse quelconque venait de tomber dans l'eau. Il y eut d'abord un bruit sourd, puis des sons d'éclaboussures et enfin des clapotements.

Les deux amis revinrent rapidement sur leurs pas. Ils virent Marius qui pataugeait piteusement dans la pièce d'eau. Il cherchait à gagner le bord; mais des lianes aquatiques, dans lesquelles ses pieds s'étaient enchevêtrés, l'en empêchaient. Pourtant, il faisait tous ses efforts pour atteindre ce but, car son amour-propre lui défendait d'appeler à l'aide.

En deux secondes, Dubodan se rendit compte de la situation. Il accourut et, étendant son bras vigoureux, il parvint à saisir par le fond de son pantalon M. Marius de Champagnac, qu'il retira trempé, ruisselant et se secouant comme un caniche mouillé.

Certes, Marius ne faisait pas le fier, et cependant il avait ce qu'il voulait. Dans sa main fermée, il tenait un gros poisson rouge que Léon lui eut bientôt fait lâcher.

De telle sorte que Marius en fut pour sa courte honte. Saint-Jean, qui avait suivi la manœuvre de Dubodan avec le plus vif intérêt et une certaine anxiété, lui fit compliment de sa belle action :

— Tu mérites, dit-il, une médaille de sauvetage!

Mais on ne savait jamais si Saint-Jean ne se moquait pas du monde.

Pourtant Léon se sentit très enorgueilli de cette félicitation, et Marius comprit en même temps qu'il avait des remerciements à adresser à son ami.

— Coupons court aux compliments, dit Saint-Jean. Le plus pressé pour le moment, c'est de faire changer d'habits à Champagnac.

— C'est juste! répondit Dubodan; et, s'adressant à Marius : Viens au château avec nous, lui dit-il, on va te faire donner d'autres vêtements.

Cela ne faisait point du tout l'affaire de Marius.

Il ne demandait pas mieux que de changer de vêtements, mais il ne voulait être vu ni par M. et Mme Dubodan, ni par les domestiques.

Saint-Jean et Léon furent donc obligés d'aller chercher d'autres habits, qu'ils apportèrent à notre pauvre Marius. Cette fois, celui-ci consentit à quitter son humide costume pour en revêtir un plus sec.

Champagnac n'avait plus qu'une crainte, c'est que le bruit de sa mésaventure n'arrivât aux oreilles de M. et Mme Dubodan. Nous n'assurerons pas que les oreilles des parents de Léon n'en furent point averties; mais nous pouvons affirmer qu'en dignes gens qu'ils étaient, et pour ne pas affliger leur jeune hôte, ils fermèrent volontiers les yeux sur cet incident, du reste sans suites fâcheuses.

CHAPITRE XI

Les vacances de fin d'année.

Nos quatre amis étaient rentrés au lycée, et, heureux de se retrouver réunis, ils se racontaient longuement la façon dont ils avaient passé leurs vacances.

Montagny avait été chez son oncle, en Touraine, et il prévint Marius qu'il était attendu aux grandes vacances.

— Tu sais que mon tour est venu, dit-il au Gascon, et tu te rappelles notre partie de pile ou face. Saint-Jean a gagné le premier, et Dubodan le deuxième. Tu as été chez l'un et chez l'autre. Je suis le dernier, c'est vrai, mais j'aurai le plaisir de te pos-

séder plus longtemps qu'eux. Vous n'aviez pas songé à cela? ajouta-t-il en souriant et en regardant Dubodan et Saint-Jean.

— C'est vrai! répondirent-ils tous les deux. Tant mieux pour toi!

— Ainsi, reprit Montagny, tu viendras dans quelques mois chez mon oncle, et tu verras comme tu seras bien accueilli, car on te connaît déjà là-bas.

— Comment! on me connaît déjà?

— Par le bien que j'ai dit de toi, se hâta de répondre Montagny.

— J'irai chez ton oncle avec plaisir, à moins cependant...

Et Marius s'arrêta, pensif; puis il ajouta :

— A moins que papa et maman ne m'appellent auprès d'eux!

— Ah! oui, reprit Dubodan, comprenant que Champagnac, malgré tout le plaisir qu'il trouvait auprès de ses amis, préférerait s'en aller dans son pays auprès de sa famille. Ah! oui; c'est bien naturel!

— Et je souhaite sincèrement que ton désir se réalise, quelle que soit la peine que me causera ton absence, dit Montagny.

— Merci, mon cher Georges, merci! dit Marius en serrant la main de son ami.

— Et attendons tranquillement la fin de l'année, dit Saint-Jean avec philosophie.

Les quatre mois qui séparaient nos collégiens des grandes vacances s'écoulèrent bien vite.

Nul incident remarquable ne vint troubler la vie commune.

Les querelles d'autrefois avec les élèves étrangers paraissaient justement oubliées.

On travaillait, on piochait ferme, on « potassait », selon l'expression de collège, en vue de la distribution des prix.

Nos quatre amis, saisis d'une louable ardeur, voulaient se distinguer et apporter à leurs parents des volumes dorés sur tranche, reliés à la marque du lycée et qu'accompagne d'habitude la légendaire couronne de laurier en papier peint.

Ils savaient quelle joie ils causeraient à leur famille si leurs noms étaient proclamés sur l'estrade officielle, et réellement ils travaillaient de bon cœur.

Le jour solennel approchait rapidement, et Marius se demandait avec inquiétude si le prix qu'il espérait obtenir serait porté par lui-même à Tarbes.

Les lettres qu'il avait reçues du pays ne s'expliquaient pas à cet égard.

Marius pensait que sa mère ne voulait lui apprendre la bonne nouvelle qu'à coup sûr, afin de ne pas lui causer un trop grand chagrin si le voyage projeté n'était pas possible.

Il se disait aussi que Mme de Champagnac avait dû faire assurément les économies nécessaires.

Il ne doutait pas de l'affection de sa mère, et il était persuadé qu'elle se serait privée de bien des choses plutôt que de ne point mettre de côté la somme suffisante aux frais du voyage de Paris à Tarbes.

Dans sa dernière lettre, Marius laissait entrevoir à sa mère combien il était désireux d'aller l'embrasser, et il espérait recevoir une réponse, cette fois catégorique.

Il était donc dans cette attente inquiète, lorsqu'un matin la porte de l'étude s'ouvrit pour donner passage à l'inspecteur, qui dit à haute voix :

— Champagnac, chez M. le censeur!

— Moi? ne put s'empêcher de demander Marius, très étonné.

L'inspecteur ne jugea pas utile de répondre. Il se contenta de lui faire un geste indiquant qu'il ne s'était pas trompé.

— Qu'est-ce que M. Delormel peut avoir à me dire? pensait Marius en suivant les longs couloirs qui conduisaient au cabinet du censeur.

Puis, il récapitulait mentalement ses actions des journées précédentes :

— Je n'ai rien fait de mal pourtant! Je n'ai pas été puni! Au contraire, j'ai partout de bonnes notes. Qu'y a-t-il donc encore?

Et ce fut avec anxiété qu'il se trouva devant M. Delormel. L'air grave du censeur fut loin de rassurer Champagnac.

Il tenait une lettre à la main, qu'il relisait avec soin.

— Mon ami, dit-il quand il eut achevé sa lettre, j'ai une chose fort importante à vous apprendre.

Le ton sur lequel M. le censeur prononça ces paroles était sérieux, mais plutôt empreint de bonté que de sévérité.

Marius attendait et cherchait à deviner déjà la chose importante que M. Delormel allait lui apprendre; mais son esprit était bien loin de la vérité.

— Vous ne vous doutez pas, mon cher Marius, qu'il y a entre nous deux un grand secret.

— En effet, monsieur, je ne comprends pas...

— Il faut donc que je rafraîchisse vos souvenirs. Vous rappelez-vous votre entrée dans ce cabinet?

— Oh! cela, oui, monsieur!

— Vous vous souvenez donc de votre lettre volée et de votre argent soustrait, cet argent qui devait servir à payer votre pension.

Marius baissa la tête.

— Vous vous souvenez de vos premiers jours passés ici, de la correspondance que j'ai eue avec votre famille, et enfin du jour où je vous ai annoncé que vous faisiez partie du lycée, votre position ayant été régularisée.

— Grâce à la bourse que vous avez obtenue pour moi! Ah! oui, monsieur le censeur, je m'en souviens et je me souviendrai toute ma vie de ce que je vous dois! s'écria Champagnac avec effusion.

— Attendez! attendez! dit M. Delormel en arrêtant cet épanchement de gratitude, vous ne me devez pas tant que vous croyez.

— Comment, monsieur?...

— Non, car cette bourse que je sollicitais pour vous, je n'ai pu l'obtenir.

— Que dites-vous, monsieur? murmura Champagnac avec crainte.

— Je dis la vérité.

— Mais alors, reprit notre pauvre Marius, qui faisait d'inutiles efforts pour comprendre, mais alors, comment se fait-il que je sois resté au lycée? Ma pension a donc été payée?...

Le censeur fit un signe d'affirmation.

— Ma pension a été payée? Par qui? Car mon père n'était pas en mesure de faire un nouveau sacrifice! Vous le savez bien, monsieur le censeur!

— Oui, je le sais parfaitement. Aussi n'est-ce pas par votre famille que les frais de votre pension ont été acquittés.

— Par qui, monsieur? par qui? s'écria Marius, à la fois ému et fâché.

— Écoutez-moi avec calme, reprit posément M. Delormel, et vous allez connaître le secret dont je vous parlais tout à l'heure. Soyez ému de ce que je vais vous apprendre, c'est votre droit, et votre émotion sera saine et bonne; mais surtout que votre petit orgueil ne s'en froisse pas, comme il me semble qu'il a déjà envie de le faire, car vous offenseriez un grand cœur et une grande amitié. Celui qui a voulu, de son propre mouvement, et avec la discrétion la plus profonde, payer votre pension, c'est...

— Je le devine! je le sais! s'écria Marius, dont les yeux s'emplirent de larmes.

— Eh bien, prononcez vous-même son nom.

Et alors Marius murmura :

— C'est Georges de Montagny!

— Vous l'avez dit, reprit M. Delormel avec un bon sourire, c'est Georges de Montagny, et le sentiment qui vous a fait prononcer ce nom sans hésitation est déjà une marque de gratitude envers votre ami. Il vous acquitte d'une partie de votre dette morale; quant à la dette réelle...

— Il faut la payer, dit tristement Marius, mais hélas! comment faire?

— Elle est payée.

— Payée! Elle est payée, dites-vous, monsieur le censeur? Qui l'a payée?

— Vos parents, mon enfant.

— Mes parents! mais comment ont-ils su...

— Votre mère m'avait écrit, il y a quelque temps, pour me demander si j'étais content de vous. Puis, elle m'informait que votre père venait de retirer un profit si avantageux de la vente d'une pièce de terre que, non seulement on vous appellerait aux vacances, mais qu'on pourrait encore subvenir aux frais de votre pension, au cas où la bourse vous serait retirée...

— Quel bonheur ! s'écria Champagnac en interrompant M. Delormel.

— Hélas! ne vous réjouissez pas, mon pauvre enfant, car vous allez voir que si vos parents s'acquittent envers Montagny, vous payez vous-même, d'une autre façon, une part de cette dette.

— Que voulez-vous dire, monsieur?

— Lorsque j'ai reçu la lettre de votre mère et lorsque j'ai lu la bonne nouvelle qu'elle renfermait, j'ai considéré comme un devoir d'avertir vos parents de ce qui s'était passé, et je leur ai dévoilé l'acte généreux de Montagny.

— Vous avez bien fait, monsieur! s'écria Marius, et ils ont répondu...

— Par cette lettre arrivée tout à l'heure. Votre mère m'envoie l'argent nécessaire pour rembourser Montagny, qu'elle remercie, — vous lirez vous-même avec quelle joie! — mais elle m'apprend une chose bien fâcheuse pour vous.

— Quoi donc, monsieur? demanda Marius, sentant l'inquiétude le reprendre de nouveau.

— C'est que cette somme, plus considérable qu'elle ne le croyait, épuise tout son petit budget de l'année et qu'il est maintenant impossible...

— De me faire revenir aux vacances! s'écria le pauvre Marius avec un gros sanglot dans la gorge.

— N'ayez pas tant de chagrin, mon cher enfant et lisez la bonne lettre de votre mère. Elle vous consolera et vous rendra du courage.

M. Delormel remit la lettre à Marius, puis il ajouta en le congédiant :

— Et rappelez-vous bien que le secret que je viens de vous dévoiler n'est connu que de Montagny, de votre famille et de moi, que nul autre ne le sait et que nul autre ne doit le savoir.

Marius, après avoir quitté le cabinet du censeur, se mit aussitôt à lire la lettre de sa mère.

Mme de Champagnac se disait bien triste de ne pouvoir appeler auprès d'elle son petit Marius; elle comprenait le chagrin que cette nouvelle allait lui causer et elle s'efforçait de l'en consoler avec des paroles comme sait en trouver une mère. Puis, après avoir exprimé sa reconnaissance et celle de son mari envers Georges de Montagny, elle chargeait son fils d'embrasser cet enfant comme elle eût voulu le faire elle-même.

Ces derniers mots rappelèrent à Marius ce qu'il devait à Montagny. La cloche allait sonner la récréation; Champagnac vint se poster à la porte de l'étude de Georges.

Quand celui-ci parut, Marius le prit par la main et l'entraîna brusquement, fougueusement, à l'écart.

Georges, très étonné, ne sachant rien encore, regardait son ami.

Le petit Gascon, extrêmement ému, ne pouvait pas parler; les sons ne voulaient pas sortir de son gosier.

Enfin, comprenant que cette étrange situation ne pouvait se prolonger, il prit un grand parti.

Il mit sous les yeux de Montagny la lettre maternelle, et, de ses doigts qui tremblaient, il lui fit lire le passage qui le concernait.

Puis, avant que Georges fût revenu de son étonnement, Marius lui sauta au cou et l'embrassa à l'étouffer.

Et comme Montagny, heureux, attendri, cherchait à se dégager doucement :

— Ah ! dit Marius en montrant la lettre, *elle* ne t'aurait pas mieux embrassé que ça !...

Après cette scène touchante, Montagny fit promettre à Champagnac de ne jamais lui rappeler un service qu'il considérait comme la chose la plus naturelle du monde ; puis il dit :

— Eh bien, mon pauvre et cher Marius, te voilà forcé de venir passer tes vacances avec moi en Touraine.

— Oui, répondit le petit Gascon, et cela m'est une grande conso-

Saint-Jean fut nommé plusieurs fois.

lation dans mon chagrin ! Comment pourrais-je me plaindre puisque le sort a placé sur ma route un ami tel que toi !

— Tu oublies Dubodan et Saint-Jean.

— C'est juste ! Que de gratitude je vous dois à tous !

— Allons ! assez d'attendrissement comme cela ! Prends ton parti en homme. Ecris à ta mère, raconte-lui ce qui s'est passé et assure-la de mon respect profond. Pour le moment, pioche tes compositions et tâche de remporter quelques prix. C'est le plus grand plaisir que tu pourras causer là-bas! Puis, tu viendras chez mon oncle. J'ai invité Dubodan et Saint-Jean, et ce sera bien le diable si nous ne parvenons pas à te distraire!

Marius, à demi consolé, se remit au travail, suivant ainsi l'exemple de ses trois amis, piqués alors d'une belle émulation.

Les compositions finies, les études se passèrent à ranger les livres, les cahiers, les boîtes de compas, les plumes, les crayons; à déchirer les papiers inutiles, qui, en mille miettes, inondèrent le plancher; à parler des vacances; à échanger des confidences sur les projets formés; à causer et à rire, mais tout cela au milieu d'une agitation un peu fébrile, causée par l'incertitude du résultat des compositions.

On se chuchotait bien à l'oreille qu'un tel avait le prix de version, un autre le prix d'histoire; que le prix d'honneur du grand concours était obtenu par le lycée; mais tout cela n'était que des « on dit », et l'incertitude entretenait les cervelles des collégiens dans un état nerveux assez aigu.

Enfin, le jour de la distribution arriva.

Les discours habituels de fin d'année furent prononcés, et les noms des lauréats commencèrent à être proclamés.

Ce ne fut pas sans une joie sincère que Marius entendit répéter à plusieurs reprises celui de son brave ami de Montagny. Il applaudit, et de grand cœur, on peut le croire.

Saint-Jean fut nommé aussi plusieurs fois.

Quant à Marius de Champagnac, il s'entendit décerner le premier prix d'histoire et de géographie, et, en même temps, il ne pensa qu'à la joie qu'allaient éprouver ses parents de cette bonne nouvelle, oubliant la satisfaction de sa propre vanité.

Enfin Dubodan, l'excellent Dubodan, obtint lui-même un second prix de thème grec.

Jamais pareil honneur ne lui était arrivé depuis son entrée au collège. Aussi devint-il tout rouge de plaisir et ne put-il s'empêcher de broyer dans sa main robuste la petite main effilée de Champagnac. Celui-ci fit bien un peu la grimace sous cette pression éloquente, mais cette grimace se transforma en sourire devant la physionomie épanouie de Dubodan.

A la fin de la distribution, les élèves se hâtèrent d'aller embrasser ceux de leurs parents qui assistaient à la cérémonie.

Naturellement, M. et Mme Dubodan fêtèrent à l'envi leur fils Léon, le fort en thème grec!

Paul de Saint-Jean trouva un doux accueil auprès de sa mère et de son père, et Georges de Montagny accourut vers son oncle, venu exprès de son pays.

Seul, le pauvre Marius n'avait personne à embrasser.

Ses parents, à lui, étaient bien loin!

Et il se sentait plus abandonné encore à la vue de toutes ces joies de famille.

Il avait le cœur bien gros.

A quoi lui servait son prix?

Nul compliment, nulle récompense maternelle ne pouvait venir jusqu'à lui!

Marius se disait ces choses un peu injustement, sans doute, quand il sentit un bras passer doucement sous le sien.

En même temps la voix affectueuse de Montagny lui disait :

— Viens donc, mon cher Champagnac, mon oncle t'attend, et on veut aussi te complimenter.

Marius se laissa conduire par son ami, et bientôt il se trouva au milieu de M. et Mme de Saint-Jean et de M. et Mme Dubodan, qui le félicitèrent si vivement de son succès qu'une partie de sa tristesse s'évanouit.

Ce fut mieux encore lorsque M. de Montagny, l'oncle de Georges, vint à lui et l'embrassa cordialement.

— Mon cher enfant, dit M. de Montagny, n'oubliez pas que je vous emmène avec Georges, et que vous êtes notre hôte pour toute la durée des vacances.

Avec quelle gratitude émue Marius reçut cette marque d'affection on doit le concevoir!

M. de Montagny fit promettre à M. et Mme de Saint-Jean, ainsi qu'à M. et Mme Dubodan, de lui envoyer bientôt leurs fils, qui passeraient, de cette façon, une partie des grandes vacances à la campagne, au bon air, et surtout en compagnie de leurs inséparables amis Georges et Marius.

On se sépara gaiement, puisqu'on devait bientôt se revoir, et tout ce petit monde alerte, vif et joyeux s'empressa de prendre la clef des champs.

CHAPITRE XII

A Arcachon

M. de Montagny avait emmené son neveu et Marius dans la grande et superbe ferme qu'il possédait auprès de Tours.

Notre Gascon, séduit par la nouveauté des choses qui se présentaient chaque jour à ses regards, oubliait un peu qu'il était loin de sa famille.

L'accueil affectueux d'ailleurs de l'oncle de Georges contribuait à cet oubli passager. Puis l'arrivée de Léon Dubodan et celle de Paul de Saint-Jean finirent par le distraire tout à fait.

Les bonnes promenades, les bonnes parties de pêche qu'ils firent, tous quatre ensemble, et les plaisirs si variés de la campagne qu'ils goûtèrent!

Un soir, après le dîner, M. de Montagny, s'adressant aux quatre collégiens, leur demanda s'ils avaient déjà vu la mer.

— Non! fut-il répondu d'une voix unanime.

— Eh bien! voulez-vous la voir?

— Oui!!!

— Faites donc vos petits préparatifs, dit alors en souriant M. de Montagny, car nous partons après-demain pour Arcachon.

— Mais nos familles? hasarda Paul.

— Vos familles sont prévenues de mon intention, et je suis autorisé à vous emmener avec moi.

— Quel bonheur! s'écrièrent Léon, Georges et Marius.

Quant au petit Saint-Jean, il se contenta de témoigner son plaisir par un silencieux sourire.

Le voyage s'accomplit comme l'avait indiqué M. de Montagny, et nous n'avons, pendant ce laps de temps, nul incident à signaler.

Mais il n'en fut pas de même à Arcachon.

Une fois que nos quatre amis eurent longtemps contemplé la mer et que Dubodan eut fait cette réflexion :

— Il y a beaucoup d'eau!

Et que Saint-Jean eut ajouté assez dédaigneusement :

— Et de l'eau qui fait du bruit!

Ils se trouvèrent assez désorientés, n'étant pas chez eux, et ne sachant quelle distraction nouvelle inventer.

Un jour Marius remonta dans sa chambre sitôt après le déjeuner, prétextant des lettres à écrire.

Georges, Léon et Paul allèrent donc se promener sans lui.

Quand ils revinrent, à l'heure du dîner, le Gascon n'était pas encore descendu.

Cette longue absence intrigua nos trois amis. Ils résolurent d'aller surprendre Marius.

Ils montèrent doucement et ouvrirent la porte sans faire de bruit. Alors ils aperçurent Marius de Champagnac penché sur une carte de géographie, et ayant à côté de lui un indicateur des chemins de fer.

Marius était si absorbé dans son travail qu'il n'entendit pas l'arrivée

Les bonnes parties de pêche.

de ses camarades. Il fallut, pour lui faire lever le nez, que Dubodan, s'écriât de sa bonne et grosse voix :

— Ah ça! Marius, que fais-tu là depuis tantôt?

Champagnac, tiré de sa rêverie, parut d'abord troublé. Il eut un mouvement comme pour faire disparaître les papiers qui se trouvaient devant lui; mais il se remit bien vite, et après avoir regardé avec franchise ses amis, il leur répondit :

— J'ai pensé qu'Arcachon n'était pas très loin...

Et pourtant Marius s'arrêta hésitant, embarrassé.

— Très loin d'où? demanda Saint-Jean.

— Oui, réponds! dirent à leur tour Georges et Léon, qui ne savaient encore où le jeune Gascon voulait en venir.

— Très loin... de Tarbes! dit en rougissant Champagnac.

— Ah! de Tarbes, de Tarbes, où demeurent tes parents? continua Saint-Jean.

— Oui, murmura Marius, sentant qu'il était déjà deviné.

— Et alors, tu voulais...

— Je voulais y aller!

— A pied! Y penses-tu? Il y a au moins cent lieues de distance!

— Soixante-douze tout au plus! reprit doucement Marius, qui avait soigneusement étudié la carte et l'indicateur.

— Soixante-douze lieues, dit Dubodan avec tranquillité, ce n'est pas énorme. Nous pourrions les faire en une semaine.

— N'est-ce pas? s'empressa de répondre Marius, heureux de se raccrocher à la perche que lui tendait l'excellent Léon.

— Et comme ce serait amusant de faire ce voyage-là tous les quatre, à pied!

— En effet! murmura Saint-Jean, à qui cette aventure paraissait sourire.

Seul, Georges de Montagny se taisait.

Mais comme son opinion était la plus importante de toutes, en sa qualité de neveu de M. de Montagny, tout le monde attendait qu'il parlât.

— Ton avis, Georges? demanda Marius.

— Mon avis est que ce trajet est beaucoup trop long pour nous.

— Oh! dit avec chagrin le pauvre Champagnac.

— Mais il y a un moyen d'arranger les choses, ajouta Georges, qui avait son idée : Léon, Paul et moi, nous possédons quelques petites économies. Voyons d'abord à quel chiffre elles se montent, et je vous ferai part ensuite de mon projet.

La fortune de nos trois amis s'élevait à une soixantaine de francs.

Georges de Montagny consulta longuement l'indicateur et dit à ceux qui attendaient sa réponse :

Après avoir passé devant une petite pièce d'eau.

— Avec l'argent que nous possédons, nous pouvons aller par le chemin de fer, en troisième classe, jusqu'à Auch; car il ne faut pas songer un seul instant à faire soixante-douze lieues à pied : ce serait une chose impossible. Nous pouvons donc arriver à Auch et de là nous diriger, cette fois à pied, jusqu'à Tarbes.

— Combien de lieues nous restera-t-il à faire? demanda Paul.

— Une vingtaine seulement.

— Parfait! s'écria Dubodan; en deux jours nous aurons dévoré cette distance!

— Mettons-en quatre, et estimons-nous bons marcheurs pour des garçons de notre âge! riposta Paul.

— Quatre jours, c'est bien peu de temps! s'écria Champagnac avec joie. Que je te remercie, mon brave Georges, de ta bonne idée!

— Ce n'est pas tout, dit encore celui-ci, il faut que je prévienne mon oncle...

A ce moment un léger murmure de désappointement parcourut l'assistance.

— Si tu préviens M. de Montagny, dit Léon, il ne voudra jamais nous laisser partir!

— Qui sait? répondit Georges avec calme.

— Ou bien il voudra payer notre voyage jusque là-bas, et tu sais, ajouta Marius, que je lui dois déjà trop de reconnaissance pour mettre encore son affection à l'épreuve. Je t'en prie, mon cher Georges, ne parle pas de cela à ton oncle. Il doit retourner demain à sa ferme pour une huitaine de jours, et nous serons revenus avant son retour. Ce n'est donc pas la peine de l'inquiéter.

— Je sais ce qu'il faut faire. Rapportez-vous-en à moi, et apprêtez-vous à partir après-demain.

Le soir de cette journée, Georges, avant de s'aller coucher, eut une assez longue conversation avec son oncle.

Il lui expliqua les projets de Marius, projets accueillis avec empressement par ses amis.

— Que faut-il faire? lui dit-il.

— Partez après-demain, comme tu l'as dit. Je te remettrai de l'argent en cas de besoin; mais je désire que tu suives l'itinéraire tracé. Ce petit voyage, qui a un but excellent, puisqu'il s'agit pour Marius d'aller embrasser ses parents, ne vous sera nullement nuisible. D'ailleurs, et cela je ne le confie qu'à toi seul, mon brave Mathieu vous accompagnera de près, sans que tes amis s'en doutent, et s'il arrivait quelque chose, il serait présent aussitôt. Tu sais que je puis compter sur son intelligence et son zèle.

Mathieu, dont parlait M. de Montagny, était un vieux et fidèle valet de chambre en qui on pouvait, en effet, avoir toute confiance.

Par ce moyen Marius de Champagnac pourrait réaliser le projet rêvé, et les enfants, surveillés sans le savoir par le vieux Mathieu, pourraient arriver sans encombre au terme de leur voyage.

M. de Montagny partit, comme c'était convenu, le lendemain de ce jour. En faisant ses adieux, il fit semblant de ne rien savoir et annonça seulement son retour prochain.

CHAPITRE XIII

En voyage

Le surlendemain, Georges, muni des instructions de son oncle, et ayant pour complice le brave Mathieu, prenait, avec ses amis Marius, Léon et Paul, le train qui devait les conduire d'abord à Agen et ensuite à Auch.

Là, ils descendirent, et, suivis sans s'en douter du valet de chambre de M. de Montagny, ils prirent la grande route départementale qui devait les conduire à Tarbes.

Très alertes, très joyeux, — et le plus gai des quatre était assurément notre ami Champagnac, qui, lui, approchait de sa mère, — ils allaient dévorant la distance, selon l'expression de Dubodan.

Ils comptaient arriver à Mirande à la nuit, et y coucher ; mais ils avaient trop présumé de leurs forces.

Le soleil était déjà couché et la fatigue s'emparait des quatre amis lorsqu'ils rencontrèrent un hameau, composé de quelques chaumières.

Dubodan déclara qu'il avait grand'faim ; Saint-Jean proposa de se reposer. Georges fut du même avis, et Marius fut obligé de suivre l'avis de ses compagnons.

Ils arrivaient alors aux dernières maisons du village.

Montagny, apercevant un paysan qui rentrait la bêche sur l'épaule, alla vers lui et lui demanda s'il y avait une auberge où l'on pouvait passer la nuit.

— Il n'y a point d'auberge ici, dit le paysan, mais vous pourrez trouver facilement asile chez l'un ou chez l'autre. Ici, nous sommes tous de braves gens, et je me charge volontiers de deux d'entre vous et même de trois ; quant au quatrième, c'est impossible, il n'y a plus de place à la maison ; mais je lui indiquerai un gîte où il sera très bien reçu. Est-ce accepté ?

Il n'y avait pas moyen de refuser. Et, en outre, refuser eût été absurde.

Marius voulut que Georges, Paul et Léon suivissent le paysan. Il se chargeait d'aller demander l'hospitalité où on la lui indiquerait.

— Vous voyez bien la petite ferme là-bas sur la droite ? dit le paysan.

— Oui, répondit Marius en apercevant dans l'ombre un bâtiment au bord de la route.

— Frappez-y, et dites que vous venez de la part de Jean-Claude. Vous y serez bien reçu, je vous l'assure.

Champagnac serra donc la main de ses trois amis, qui devaient le prendre en passant le lendemain matin, et, très tranquille, il alla, suivant le conseil du paysan, frapper à la ferme, dont l'aspect assombri par la nuit n'était pourtant pas rassurant. Mais Marius voyait qu'il touchait à son but, et il n'avait que de riantes idées.

Pourtant, quand il eut frappé et qu'un grand gaillard fut venu lui ouvrir, quand il eut pénétré dans une salle basse en partie plongée dans l'obscurité, éclairée par une maigre chandelle, et qu'il vit deux autres grands gaillards se dresser devant lui avec des airs farouches, Champagnac sentit comme une pointe d'inquiétude percer dans son cerveau.

— Qu'est ceci? se dit-il.

Quand il eût pénétré dans une salle basse...

Il avait sous les yeux une vieille femme qui lui semblait horrible, un homme âgé mais vigoureux, d'aspect rébarbatif, et ces deux grands diables de jeunes gens qui étaient loin de passer à ses yeux pour d'honnêtes travailleurs de la campagne.

— Dans quel guet-apens suis-je tombé? pensa-t-il. Pourvu que mes amis n'aient pas un gîte aussi dangereux! Enfin, nous verrons!

Il fit contre mauvaise fortune bon cœur et s'assit à la table, où on lui offrit une soupe assez réconfortante, et répondit aux questions que ses hôtes lui posaient avec une tranquillité d'esprit fort affectée.

Évidemment Marius aurait bien voulu se retirer. Mais où aller? Et puis, ses soupçons étaient-ils bien fondés? Ces gens qui lui semblaient être des malfaiteurs étaient peut-être de fort braves gens!

A la fin du repas, il se leva et dit, assez timidement du reste, qu'il allait continuer sa route.

— Vous plaisantez, répondit l'hôte avec une voix qui parut formidable à Marius, vous allez coucher ici. Mes deux garçons coucheront ensemble, et ça vous fera un lit pour vous seul. Montez là-haut, et dormez tranquille!

En passant dans la petite cour de la ferme, Marius aperçut un gros caillou. Il n'était vu de personne ; il se baissa, ramassa le caillou et le mit dans sa poche.

C'était une arme, et dame! on ne savait ce qui pouvait arriver!

On monta un petit escalier en échelle, tortueux et peu engageant. L'un des deux grands gaillards indiqua à Marius un des deux lits de la vaste chambre.

Marius, croyant ne pas être remarqué, enfonça le caillou sous le traversin.

Il se coucha, et, devenu de plus en plus inquiet, il n'osa fermer les yeux.

Cependant tous ses hôtes dormaient déjà à poings fermés, et du sommeil qui devait être celui du juste, à en juger par leurs sonores ronflements.

Enfin, la fatigue l'emporta, et Marius, dompté, s'endormit. Il était deux heures du matin.

Marius de Champagnac fit un rêve affreux.

Il se voyait au milieu d'une caverne de brigands d'où il lui était impossible de s'enfuir.

Les brigands cachaient sous une apparence doucereuse les sinistres projets qu'ils avaient formés sur leur prisonnier.

Marius les entendait causer entre eux, à voix basse, et il pensait que sa fin était proche.

Bientôt, en effet, le chef de ces bandits, un poignard à la main, s'avança vers la couche où Marius reposait :

— Livre-nous ton trésor! dit-il d'une voix lugubre, ou sinon...

Et le geste se joignit à la parole.

Marius se réveilla en sursaut. A ce moment-là, il se croyait encore dans la caverne, et, instinctivement, il cherchait des yeux les bandits, leur chef et le terrible poignard.

Enfin, il se jeta à bas du lit; il était seul dans la chambre, qu'il reconnut enfin. La fenêtre était fermée, il alla l'ouvrir et respira l'air matinal qui rafraîchit ses idées.

Cet intérieur était gai, honnête et loyal.

CHAPITRE XIV

Le caillou de Champagnac

Le temps était encore embrumé. Les champs reluisaient de l'or des moissons mûres. Déjà quelques paysans travaillaient. Devant Marius s'étendait une immense plaine fermée par de longues et basses collines, dans une dépression un point brillant était piqué; le long de la crête, une ligne égale et luisante s'immobilisait, couleur d'argent.

Le soleil semblait vouloir se moquer du monde et se lever à l'ouest. Un coq d'or, noirci par les pluies, s'ennuyait au loin sur un clocher rouillé. Deux chemins blancs formaient un trapèze en serpentant.

Sur une pièce de terre, une dizaine de fillettes, les pieds dans la rosée et l'échardonnoir à la main, allaient, se balançant sur une même rangée, indolentes et paresseuses.

Il fit un peu plus clair.

Marius aperçut des carrières avec leurs treuils gigantesques, quelques villages semés dans l'immensité, et, plus près de lui, des herses abandonnées la veille, qui allaient gémir de nouveau en déchirant le sol.

Là-haut, des alouettes qu'il ne voyait pas, mais qu'il entendait, trouvaient le soleil en retard et montaient à sa rencontre.

Au nord, à l'horizon, un laboureur hâtif paraissait, de sa charrue et de ses bœufs, sillonner la limite du monde.

Enfin des amas de vapeurs s'élevèrent çà et là. La ligne couleur d'argent s'élargit. La brume se dissipa. Une cloche sonna qui réveilla les travailleurs d'une ferme voisine. Le soleil en eut honte, car il parut aussitôt. Un luxueux et splendide lever! Tout remuait alors, tout pensait, tout vivait!

Marius n'avait plus peur.

Son vilain rêve était déjà chassé. Il revoyait son pays, son cher pays, dont il n'était plus éloigné que de quelques lieues. Plein d'allégresse, les yeux brillants de bonheur, il descendit dans la grande salle basse du rez-de-chaussée qui, la veille au soir (il s'en souvenait), lui avait paru si sombre et de si triste augure.

Maintenant, le soleil l'avait envahie, cette salle; ses rayons en avaient pris possession et ils s'accrochaient gaiement aux moulures des vieilles armoires de chêne et au bord des casseroles brillantes.

Cet intérieur était gai, honnête, loyal. La vieille mère elle-même, éclairée par cette lumière chaude, avait un bon air, bien digne, bien brave, très heureux.

Elle regarda en souriant son petit hôte :

— Eh bien, jeune homme, vous voilà donc réveillé! dit-elle. Ah! je crois, par exemple, que vous n'avez pas dû passer une fameuse nuit!... Vous vous êtes retourné cent fois dans votre lit; vous avez parlé tout haut. Il paraît même que vous avez crié : Au voleur! Qu'est-ce que vous pouviez donc rêver? dit-elle avec un sourire fin.

— Moi... rien, madame, je vous assure... répondit en balbutiant Marius de Champagnac, honteux des soupçons qu'il avait pu avoir contre cette brave femme et sa famille.

— Euh! euh! fit la vieille, le lit était sans doute trop dur pour un petit jeune homme bien élevé comme vous?

— Mais non, madame, mais non!

— Allons! je sais ce que je dis. Tenez! mettez-vous là et préparez-vous à manger la soupe; car mon mari et mon fils ne vont pas tarder à revenir des champs.

En effet, bientôt parurent le père et les deux frères dont les mines avaient si fort effrayé la veille ce pauvre Marius. Il les voyait maintenant tels qu'ils étaient réellement. Leurs visages étaient hâlés par le soleil et le grand air, mais leurs traits étaient doux et bons, comme ceux de la vieille mère. Sans façon, ils tendirent en entrant leurs rudes mains à Marius, et celui-ci les serra avec un sentiment de plaisir et de gratitude. N'avait-il pas à se faire pardonner les vilaines pensées qu'il avait conçues sur le compte de ces honnêtes travailleurs ?

Pendant le repas, la vieille était montée faire la chambre.

Quand elle en redescendit, elle échangea avec son mari et ses fils un sourire d'intelligence.

Après le déjeûner frugal, Marius, sur le pas de la porte, guetta l'arrivée de ses amis Montagny, Dubodan et Saint-Jean. Ceux-ci ne devaient pas manquer d'arriver bientôt. En effet, il les aperçut comme ils tournaient le coude du chemin. Alors il rentra dans la ferme, et, ne sachant au juste ce qu'il devait faire, très timide, très hésitant, il demanda à voix basse à la vieille mère ce qu'il devait pour son logis et ses deux repas.

Oh! cette fois, le visage de la digne femme prit une expression de véritable colère.

— Sais-tu ce que me propose notre hôte? dit-elle en grondant et en s'adressant à son mari; il veut nous donner de l'argent!

— Mais, dit Marius, pataugeant dans un profond embarras, il me semble que c'est bien juste... vous avez été si obligeants pour moi...

— Mon jeune garçon, répondit de sa forte voix le père de famille, nous ne faisons pas payer l'hospitalité ici! Ce n'est point une auberge! nous ne vous demandons qu'une chose en échange du petit service que nous vous avons rendu...

— Laquelle? dit avec empressement Marius.

— C'est de revenir nous voir quand vous passerez par ici! ajouta le vieillard en riant de belle humeur.

— Ah! je vous le promets! s'écria Champagnac. Et je ne vous oublierai jamais!

Cela avait été dit avec un tel accent de sincérité que les hommes se regardèrent d'un air de contentement comme s'ils étaient déjà suffisamment remerciés.

Quant à la vieille mère, elle s'approcha de Marius, et lui dit :

— Et moi, je vous demande de m'embrasser?

— Ah! avec plaisir, madame! dit Marius en posant un gros baiser sur les joues de son excellente hôtesse.

Et comme, après avoir serré la main de ses hôtes, il allait s'éloigner pour rejoindre ses amis qui arrivaient en ce moment à la porte de la ferme, la vieille lui présenta un petit paquet soigneusement ficelé.

— Vous oubliez quelque chose! dit-elle.

— Mais non! dit Marius fort surpris.

— Je vous assure que ceci est à vous! reprit-elle en soulignant sa phrase d'un bon regard malin.

— Oui! c'est à vous! ajoutèrent en riant le père et ses deux fils.

Marius, sans comprendre, prit le paquet que lui présentait la vieille, et, après un dernier adieu à tout le monde, vint retrouver ses amis.

Après s'être retourné plusieurs fois pour regarder ses braves hôtes, qui le saluaient amicalement du seuil de leur porte, Marius songea au paquet qu'il tenait.

— Au fait, qu'est-ce donc que cela? dit-il.

Et, au milieu de ses trois amis, il défit le paquet.

C'était un caillou, un gros caillou, qui s'y trouvait renfermé.

La vieille lui présenta un petit paquet soigneusement ficelé.

— Que veut dire cela? demandèrent les autres.

Et Marius, se souvenant tout à coup de la pierre qu'il avait ramassée la veille dans sa terreur, et qu'il avait cachée sous le traversin, comprit la délicatesse exquise de ces braves paysans. Ils l'avaient vu cacher ce caillou, ils avaient deviné ses soupçons, et, au lieu de lui faire sentir brutalement leur indignation, ils l'avaient accueilli, s'étaient gênés pour lui, l'invitaient à revenir, et, pour toute punition, lui remettaient malignement le caillou malencontreux.

Alors, sans honte, il raconta à ses trois amis cette aventure dans tous ses détails. Et les trois amis répétèrent avec Marius :

— Voilà de braves gens!

— Et vous, dit à son tour Marius de Champagnac à ses compagnons, où avez-vous couché?

— Dans la grange du bonhomme que nous avons rencontré.

— Dans la grange?

— Dame! il n'avait pas d'autre endroit où nous mettre.

— Et je t'assure, s'écria Dubodan, que nous y avons rudement dormi!

Saint-Jean sourit assez dédaigneusement, et enleva du bout des doigts quelques brins de paille et de foin qui s'attachaient encore à ses vêtements. Et, pourtant, il s'était déjà, dès le matin, soigneusement épluché, comme disait Léon.

— Et vous avez soupé? continua Marius.

— Admirablement! répondit Dubodan qui avait pu satisfaire son robuste appétit, l'abondance des mets remplaçant pour lui la qualité.

— C'est vrai? demanda Champagnac en regardant Paul.

— Hum! hum! fit celui-ci, évitant de répondre à l'aide de sa petite toux opportune.

Il était aisé de voir que cette façon de voyager commençait à paraître déjà passablement désagréable à l'élégant petit Parisien habitué à toutes ses aises.

Mais il était assez l'ami de Champagnac, et de plus, trop peu bavard pour faire part de ses impressions.

Et méchamment il jeta une pelletée de sable rempli d'eau noire.

CHAPITRE XV

Les cantonniers, l'aubergiste et les gendarmes.

Marius allait joyeux, content de vivre, heureux de penser que chaque pas le rapprochait de la maison paternelle et respirant à pleines gorgées l'air vif du matin.

Comme ils approchaient d'un hameau dont on voyait le clocher pointer derrière une basse colline, ils trouvèrent tout à coup la route barrée par deux cantonniers qui exécutaient, sur sa largeur, des travaux de terrassement.

Le chemin devait être depuis longtemps défoncé à cette place, car l'eau des pluies des jours passés croupissait, dans les creux, en plaques noirâtres.

Il y avait à peine où poser le pied. Marius, Montagny et Dubodan avaient déjà traversé. Soudain la voix de Saint-Jean, derrière eux, les fit s'arrêter.

Ils se retournèrent.

Saint-Jean, aussi délicatement que s'il se fût trouvé à Paris sur le boulevard par un temps pluvieux, ne hasardait qu'un pied après l'autre, choisissant ses endroits et laissant voir, sous son pantalon retroussé, une fine bottine de chevreau.

Les cantonniers, nullement habitués à voir les gens qui passaient d'habitude sur cette route prendre de belles manières, avaient suspendu leur besogne et contemplaient ironiquement le petit monsieur.

Paul, au milieu de sa traversée difficile, surprit soudain un de ces regards, et, comme il n'était pas dans sa nature de laisser rire de lui et que, d'ailleurs, il considérait son action comme fort naturelle, il s'arrêta et regarda à son tour fixement, peut-être insolemment, les deux cantonniers.

— Oh! oh! fit l'un d'eux, voilà-t-il point un petit monsieur qui a bien peur de se crotter! Ça serait-il pas vraiment dommage!

Et l'autre ajouta :

— C'est p't-être aussi afin de nous faire voir sa fine chaussure qu'il se retrousse comme ça! Vrai de vrai! ça fait-il pas pitié!

Et les deux paysans partirent de rire, s'apprêtant tout en riant à reprendre leur travail.

Mais l'humeur de Saint-Jean ne s'accommodait point de cela, et, de sa petite voix mordante, il leur dit, toujours sans bouger de place :

— Ah ça! mes bonnes gens, qui est-ce qui vous demande quelque chose? Votre métier est de faire la route, et non d'émettre des réflexions au moins saugrenues!

Il est probable que les deux cantonniers ne connaissaient pas la valeur de l'épithète que Paul venait de leur servir, mais elle siffla à leurs oreilles comme une grosse insulte.

Ils restèrent d'abord interdits, se regardant. Puis, le plus grand, ayant sans doute trouvé une idée, reprit sa pelle et dit d'un air sournois :

— Eh bien! il a raison, le petit monsieur! Faisons la route!

Et, méchamment, il amassa une pelletée de sable et la jeta brusquement dans un creux rempli d'une eau noire, qui se trouvait juste aux pieds de Paul.

Celui-ci, éclaboussé des pieds à la tête par ce liquide de couleur d'encre, ne put retenir un mouvement de dépit :

— Ah! les imbéciles! s'écria-t-il.

C'est cette exclamation que les trois amis avaient entendue.

Déjà, le cantonnier qui avait commis la maladresse volontaire s'avançait sur le petit Saint-Jean, la main levée.

Mais Dubodan avait prévu la chose. D'un bond il fut sur l'homme; au moment où la grosse main de ce dernier allait retomber sur Saint-Jean, le vigoureux poing de notre ami Léon l'envoya d'un seul coup rouler au milieu de la boue.

Son compagnon allait venir à son secours quand il trouva devant lui Champagnac et Montagny.

Leur attitude hardie, prête à la défensive et à l'offensive s'il en était besoin, lui donna à réfléchir.

Et il ne bougea pas, tandis que l'autre se relevait tout honteux et surtout absolument surpris qu'un jeune garçon comme Dubodan ait pu lui administrer un tel maître coup de poing!

Il regarda son compagnon qui le consultait de l'œil.

— Laisse-les s'en aller! grommela-t-il. Ce sont des enfants!

Il prenait sa revanche avec ce mot, faisant semblant d'avoir en dédain de tels adversaires, mais au fond, suffisamment édifié sur la vigueur musculaire du brave Léon Dubodan.

Pendant ce temps, Paul de Saint-Jean, pas plus ému que s'il ne lui était rien arrivé, finissait de traverser tranquillement, plus lentement encore que tout à l'heure, l'espace fangeux.

Quand il eut atteint l'autre côté, le côté sec :

— Eh bien! allons nous-en! dit-il. Nous n'avons plus rien à faire ici!

Les trois amis suivirent ce conseil et reprirent leur route.

Cependant Marius se retournait de temps en temps, l'air quelque peu inquiet.

— Qu'as-tu donc? demanda Montagny.

— J'ai... que je ne suis pas trop rassuré sur le compte des gens que nous venons de laisser derrière nous. Ils sont méchants et vindicatifs, le fait n'est que trop certain. Et si vous voulez suivre mon avis, nous presserons le pas jusqu'aux maisons que nous voyons là-bas!

Le conseil était prudent et, quoique Montagny assurât qu'il n'était point digne de sembler fuir, il dut céder aux instances réitérées du jeune Gascon.

En outre, malgré la faim qui tourmentait Dubodan, Marius voulut qu'on ne s'arrêtât qu'à la dernière auberge du village.

— Que de précautions! dit en s'asseyant Montagny.

— Nous n'en prendrons jamais trop, répliqua Champagnac.

L'aubergiste, qui s'approchait de la table où avaient pris place les quatre amis, surprit cette réflexion et cette réponse et jeta sur le groupe un regard plein de méfiance.

Nos collégiens firent un repas très frugal, car il fallait ménager la bourse commune.

On mangea beaucoup de pain et beaucoup de fromage, et on ne but que de l'eau.

Pourtant c'est avec une pièce d'or que Montagny s'apprêta à payer.

Il la tendit à l'aubergiste qui, étonné de voir ces quatre enfants seuls dans ce pays lointain, manger si peu de chose et payer avec de l'or, prit la pièce dans ses doigts, la palpa, la regarda, la fit tinter sur le comptoir, et dit enfin d'un air soupçonneux, en prévenant ainsi les questions :

— Eh! qui sait? cette pièce, elle est peut-être fausse?

— Pour qui nous prenez-vous? s'écrièrent les quatre jeunes gens en se levant.

Eh! ? qui sait! cette pièce, est peut-être fausse?

— Dame! reprit l'aubergiste, je ne vous connais pas! Et il y a tant d'aventuriers par le monde!

— Insolent! dit Georges de Montagny, oubliant la situation où il se trouvait.

— Ah! Vous vous fâchez! Eh bien, je vais suivre l'idée que j'avais tout à l'heure...

— Quelle idée? demanda avec son calme habituel le petit Saint-Jean.

— Celle de vous conduire à la gendarmerie, pardious! là, vous vous expliquerez à votre aise!

— Mais c'est une indignité! s'écrièrent les quatre collégiens, avec un accent si honnête que l'aubergiste en parut touché.

Il allait peut-être les laisser partir quand, pour leur malheur, deux hommes firent, à ce moment même, irruption dans la salle :

— Ah! nous les tenons, cette fois! s'écrièrent-ils.

— Qui donc? demanda l'aubergiste.

— Ces p'tits messieurs-là! répondirent les deux hommes, qui n'étaient autres que les cantonniers du chemin.

— Ah! ah! dit l'aubergiste en mettant la pièce d'or dans sa poche, voilà qui change bien les choses!

— Vous les connaissez donc, ces p'tits messieurs-là?

— Oui, ce sont des vauriens qui nous ont insultés là-bas pendant que nous travaillions à la route, et qui, après, se sont empressés de s'enfuir!

— Mais tu sais bien que tu mens! s'écria la grosse voix de Dubodan, qui, rouge de colère, mettait sous le nez de l'homme un poing avec lequel ce dernier avait déjà fait connaissance.

Heureusement, Montagny, Marius et Paul comprirent qu'il ne fallait pas offrir la moindre prise aux injustes accusations portées contre eux, et ils retinrent eux-mêmes leur impétueux ami.

— Eh bien! que nous voulez-vous? dit alors Montagny en reprenant tout son sang-froid.

Ce calme parut faire plus d'impression sur les deux agresseurs que la fureur de Dubodan.

— Dame! dit le plus grand, hésitant un peu, nous voulons vous conduire à la gendarmerie, afin qu'on sache qui vous êtes.

— Tiens! s'écria l'aubergiste avec un gros rire, c'était justement mon idée.

— Soit! reprit Montagny, mais vous n'avez pas besoin de nous y conduire, nous irons de bon gré.

Et les quatre amis, accompagnés de l'aubergiste et des cantonniers, se dirigèrent vers la gendarmerie.

C'était, du reste, le parti le plus sage qu'ils eussent à prendre.

Montagny supposait qu'il lui suffirait de dire quelques mots au brigadier pour que celui-ci les renvoyât avec tous les honneurs de la guerre; mais il avait compté sans un point important.

En effet, lorsque Montagny eut déclaré son nom et celui de ses amis, lorsqu'il eut expliqué que, descendus du chemin de fer à Auch, ils se rendaient à Tarbes, le brigadier lui répondit :

— Mais la pièce que l'aubergiste dit être fausse, où est-elle?

— C'est lui-même qui l'a gardée.

— Ah! murmura le brigadier d'un air qui ne semblait pas plaider en faveur de l'accusateur, remettez-moi cette pièce immédiatement!

L'aubergiste, obligé de s'exécuter, tira en soupirant la pièce d'or de la poche où il avait espéré la garder.

— Mais cette pièce est excellente! dit le brigadier en regardant sévèrement l'aubergiste.

Et, pour le faire repentir de son soupçon injurieux et de sa pensée malfaisante, il fit lui-même le compte de la dépense des collégiens, ce qui réduisit la note à plus de moitié.

— A vous maintenant! dit-il en s'adressant aux cantonniers. Vous accusez ces jeunes gens de vous avoir insultés?

Et, comme il ne paraissait pas croire à cette accusation, le plus petit des cantonniers, voulant l'accentuer, s'empressa d'ajouter :

— Ils nous ont même battus!

— Est-il possible?

— Oui, l'un d'eux a donné un si fort coup de poing à mon camarade, qu'il l'a renversé!

Le visage du brave brigadier se couvrit de stupéfaction.

Il examina les quatre amis et le grand diable prétendu leur victime.

— Ah ça! dit-il, est-ce que vous croyez pouvoir vous moquer de l'autorité, vous autres! Vous voudriez me faire croire qu'un de ces enfants a renversé d'un coup de poing un gaillard comme cet homme-là? Eh bien, si j'ai un conseil à vous donner, c'est de vous tenir cois, si, par extraordinaire, la chose était vraie! On se gausserait trop de vous dans le pays! Allez-vous-en et ne vous retrouvez pas sous ma main dans une pareille circonstance, il pourrait vous en cuire!

Et, après avoir brusquement congédié l'aubergiste et les cantonniers, qui sortirent fort penauds, il revint vers les collégiens :

— Rassurez-vous, leur dit-il, je vais vous rendre la liberté; mais il me reste une formalité à remplir. Vous devez avoir sur vous des papiers?

— Quels papiers? demanda Montagny.

— Des papiers qui établissent votre identité. Parbleu, je pense bien que vous n'avez point de passe-port, mais vous devez avoir quelques lettres portant vos noms et vos adresses?

Cette demande tombait à l'improviste sur nos quatre amis, qui n'avaient pas du tout songé à se munir de cela.

— Vous n'avez rien?

— Hélas!

— Alors, il faut que je vous garde jusqu'à ce que j'aie télégraphié à vos parents.

— Oh! s'écrièrent avec terreur les pauvres voyageurs, en pensant à l'inquiétude qu'un télégramme si imprévu causerait dans leurs familles.

— Qu'avez-vous donc? demanda le brigadier en fronçant le sourcil. On dirait que vous avez peur? Est-ce que, par hasard...

Et un soupçon traversa alors l'esprit du brigadier.

Par bonheur un gendarme vint à ce moment-là lui dire qu'on le demandait pour une affaire urgente.

Le brigadier sortit, laissant nos quatre amis profondément consternés. Mais son absence ne fut pas longue. Il rouvrit la porte d'un air satisfait, et s'avançant vers les prisonniers d'un instant, il leur dit avec un bon sourire :

— Je viens de réfléchir et je vois que je puis vous laisser continuer votre chemin. Partez donc, mais prenez garde désormais aux mauvaises rencontres !

— Oh! oui, monsieur le brigadier, et merci! s'écrièrent ensemble les collégiens en se hâtant de profiter de la permission.

Georges de Montagny avait été bien avisé en faisant part à son oncle du projet de ses amis, et M. de Montagny avait agi en homme prudent en faisant suivre les voyageurs par son vieux valet de chambre.

C'était Mathieu, en effet, qui, suivant de loin ceux qu'il était chargé de protéger, avait appris ce qui s'était passé et qui était accouru, sans se faire voir des jeunes gens, expliquer le fin mot de l'affaire au brigadier.

Seul Montagny savait à quoi s'en tenir sur leur subite et heureuse délivrance.

Les quatre enfants se donnant le bras sur la route.

CHAPITRE XVI

Le vol et l'évasion

Ils reprirent donc leur voyage.

La route qu'ils suivaient maintenant les conduisait à Mirande.

— Quelle heure est-il? demanda Dubodan.

— Trois heures, répondit Montagny en regardant sa montre.

— Trois heures! s'écria Champagnac, mais combien de lieues avons-nous donc faites depuis que nous sommes descendus à Auch?

— C'est assez facile à compter, reprit Montagny, Auch se trouve à sept lieues de Mirande. Nous avons fait à peu près cinq lieues. Dans une heure et demie nous atteindrons Mirande.

— Mais nous ne marchons pas! dit Marius avec un accent désolé. Sept lieues en deux jours!... Nous n'arriverons jamais!

— Dame! dit alors tranquillement le petit Saint-Jean, nous n'avons pas les bottes du Petit Poucet, nous autres! Et puis, les aventures qui ont déjà entravé notre route peuvent facilement excuser notre retard. Va, Champagnac, ne crains rien; demain matin nous partirons d'un pied léger et, dans la journée, nous fournirons une longue traite.

— Comment, demain matin? s'écria Champagnac; mais la journée n'est pas finie et nous avons encore à marcher!

— Ah! mais non! dit Paul de Saint-Jean déjà fatigué. J'espère bien que nous coucherons à Mirande dans un hôtel où nous pourrons mieux dormir que dans la grange de la nuit dernière, et où nous pourrons au moins faire notre toilette !

— Mais, moi, j'ai fort bien dormi hier! dit Léon Dubodan.

Marius regarda Montagny pour avoir son avis.

— Je crois, dit Georges, que nous ferons bien de nous rallier à l'opinion de Paul et de coucher à Mirande. Nous ne connaissons pas le pays et nous pourrions nous exposer à passer la nuit à la belle étoile, ce qui n'est pas toujours agréable.

— Assurément ! dit Saint-Jean en approuvant Montagny.

Marius vit bien alors qu'il fallait se conformer au désir de ses amis, et, baissant la tête, il continua son chemin sans plus parler.

Georges avait calculé, à peu près justement, le temps que les petits voyageurs mettraient pour atteindre Mirande.

Il n'était pas loin de cinq heures lorsqu'ils arrivèrent devant les antiques fortifications de la ville et qu'ils franchirent une des quatre portes principales qui s'ouvrent dans l'ancien mur d'enceinte : un mur bien vieux, car il date de Philippe-Auguste ! Aussi les habitants ont-ils pour son âge avancé une véritable vénération et entourent-ils ses ruines de soins presque paternels.

L'aspect féodal gardé par cette petite cité du Gers séduisit immédiatement les quatre collégiens, que nous connaissons pour quelque peu aventureux.

Après avoir retenu leurs chambres à l'hôtel, ils firent le tour des remparts, admirant avec curiosité ces derniers vestiges d'une civilisation disparue.

Léon Dubodan, moins touché que ses trois compagnons par la beauté de ces ruines, se rappela le premier que le dîner était servi à six heures. Il en avertit ses amis, et, tous ensemble, ils revinrent à l'hôtel.

Il y avait beaucoup de monde à la table d'hôte ; la grande foire de la Saint-Roch venait de se terminer, et il restait encore dans la ville assez de voyageurs et de commerçants pour emplir la longue salle à manger.

Nos amis purent cependant prendre place à l'un des bouts de la table. Les dîneurs n'avaient guère fait attention aux nouveaux venus. Ils étaient trop occupés par un sujet qui paraissait vivement les intéresser.

— Oui, messieurs, disait la maîtresse d'hôtel, c'était un voleur! Et j'ai été aussi surprise que vous êtes maintenant étonnés, lorsque le commissaire de police et les agents sont venus ce matin.

— C'était un homme très bien mis pourtant, dit une grosse dame.

— Et qui avait l'apparence fort honnête, ajouta un monsieur.

— A qui se fier? reprit la maîtresse d'hôtel; depuis dix jours qu'il était descendu ici, il s'était conduit avec la plus grande politesse vis-à-vis de tout le monde, et ce matin même, il avait acquitté sa note sans marchander.

— Il allait donc partir? demanda un dîneur.

— Aujourd'hui même.

— Eh bien, la police a eu bon nez de se hâter!

— Mais au fait qu'a-t-il donc volé?

— Mon argent! s'écria un vieux paysan, tout l'argent que j'avais gagné pendant la foire et que j'avais soigneusement enfermé dans ma valise!

— Comment s'y est-il pris? demanda un autre convive.

— Je l'ignore; tout ce que je sais c'est qu'hier soir il m'a passé par l'idée de recompter mon argent avant de partir, car je devais m'en aller aujourd'hui au point du jour. J'ai donc voulu ouvrir ma valise, mais la clef tournait difficilement dans la serrure. Il m'a semblé tout de suite qu'on avait essayé de la forcer. Pourtant elle pesait son poids habituel et j'entendais en la remuant un bruit métallique qui me rassurait. Enfin, je parvins à faire jouer la clef. Je plongeai mes mains dans une poche de cette valise qui est réservée à l'argent, et j'en retirai des pièces que je mis devant moi sur la table. Dans cette première poignée, il n'y avait que des sous! je recommençai la même manœuvre et je sortis encore des sous! Enfin, je vidai le tout, et à la place de mes belles pièces d'or et d'argent, je ne trouvai que des sous! et encore des sous! J'étais volé!

— Eh quoi! vous n'avez pas aussitôt appelé? demanda quelqu'un.

— Je suis trop madré pour ça, répondit le paysan en clignant de l'œil. J'avais deviné à l'instant quel était mon voleur. Ça ne pouvait être que mon voisin, dont la chambre communiquait avec la mienne par une porte fermée à clef, il est vrai, mais dont il avait pu forcer la serrure ; mon voisin qui avait cherché à plusieurs reprises à lier connaissance avec moi ; mon voisin qui était entré dans ma chambre ; mon voisin enfin à qui j'avais été assez bête pour apprendre ce que ma valise contenait !

— Alors, qu'avez-fait?

— Je n'ai rien dit ; seulement, je ne me suis pas couché et j'ai veillé toute la nuit sur la porte du voisin afin qu'il ne s'échappât point. Ce matin, à la première heure, j'ai prévenu le maître d'hôtel et je suis allé au galop chez le commissaire, à qui j'ai conté mon affaire. Puis je suis revenu ici pour veiller sur mon homme en attendant l'arrivée de la police. Mais j'ai bien eu soin de ne pas me montrer afin de lui laisser croire que j'étais parti comme je devais le faire. Il a déjeuné fort copieusement, ce voleur.

On aurait dit qu'il avait la conscience parfaitement tranquille. Puis il a demandé sa note et il a payé avec mon argent, le gueux ! C'est à ce moment que le commissaire s'est montré, et moi aussi, je me suis montré. Le commissaire a déclaré au patron qu'un vol avait été commis dans son hôtel et qu'il allait faire une perquisition. Notre homme cherchait déjà à gagner la porte, mais j'avais eu le soin de me placer devant elle, et le voleur s'aperçut à mon air que je n'étais pas décidé à lui laisser le passage libre.

D'ailleurs, il fut invité aussitôt par le commissaire à monter dans sa chambre et à ouvrir sa malle.

Cette invitation, poliment faite, eut cependant le pouvoir de faire légèrement pâlir mon voisin. Il tâcha néanmoins de garder une bonne contenance et il précéda le commissaire, les agents et moi. Il ouvrit sa malle, elle ne contenait pas d'argent, mais en revanche, elle renfermait un tas d'objets volés pendant la foire et que le commissaire recon-

C'était un voleur, le fameux voleur qui s'enfuyait !

nut aussitôt d'après les plaintes qui lui avaient été portées. C'était suffisant pour qu'il ordonnât l'arrestation de cet individu. Les agents lui mirent la main au collet et l'emmenèrent au bureau du commissaire ; là, il fut fouillé et on retrouva sur lui tout mon argent, sauf la somme qu'il en avait distraite pour payer sa note d'hôtel. Aussi maintenant il est sous clef et bien gardé, je l'espère !

Cette histoire, écoutée par tous les dîneurs avec attention, avait eu le don d'intéresser beaucoup les quatre collégiens.

Marius surtout, qui, au mot de voleur, avait de suite dressé l'oreille, et n'avait rien perdu du récit de la malheureuse victime.

Chaque fois, en effet, qu'on parlait de voleur devant notre ami Champagnac, il se rappelait le gredin qui avait accueilli ses premiers pas à Paris et qui avait jeté une si grande perturbation dans son existence, et, ce voleur, il croyait le voir partout. Nous en avons déjà eu la preuve.

Quand le paysan eut fini, Marius, tout entier à son idée, s'adressa à à lui et dit :

— Comment est-il fait, votre voleur, monsieur ?

— C'est un blond assez grand, avec toute sa barbe, répondit le brave homme.

— Alors ce n'est pas lui, murmura Champagnac, le mien était brun et avait des moustaches.

— Tu penses encore à ton voleur ! lui dit à l'oreille Paul de Saint-Jean. Tu es fou. Comment veux-tu qu'il se retrouve à Mirande ?

— Tu as raison ! répondit Marius après quelques moments de réflexion.

Puis il redemanda au paysan :

— Où est-il maintenant ce voleur ?

— En prison ?

— Il y a donc une prison à Mirande ?

— Mais oui, reprit à son tour le maître d'hôtel ; et du deuxième étage de notre maison on peut même voir ses murs intérieurs.

Cette réponse sembla faire une certaine impression sur Marius. La chambre où il devait coucher était située à l'étage dont venait de parler le maître d'hôtel. Elle contenait deux lits, un pour lui et un pour Montagny. La chambre contiguë était réservée à Dubodan et à Saint-Jean.

Les quatre amis montèrent se coucher vers neuf heures. Mais le cerveau de Marius, agité par l'histoire du voleur et aussi par l'espoir de revoir bientôt le toit paternel, n'était pas disposé au sommeil.

Aussi, notre jeune Gascon, après s'être retourné bien des fois dans son lit, se décida-t-il à se relever. Il s'habilla et ouvrit la fenêtre. L'air était chaud par cette nuit d'août, mais une brume épaisse s'élevait sur toute la campagne. Il était près de trois heures. La nuit allait finir.

Les regards de Marius plongeaient malgré lui dans l'intérieur de la prison qu'il avait devant lui. Il pensait au voleur du paysan de Mirande et il pensait aussi à son voleur de Paris.

Soudain il lui sembla qu'une lueur rapide, aussitôt disparue, s'était montrée à l'une des fenêtres grillées de la prison. On aurait pu croire qu'on avait allumé une allumette-bougie, bientôt éteinte, comme si quelqu'un avait voulu reconnaître un chemin sans être vu soi-même.

Marius de Champagnac, quoique se croyant en proie à l'illusion, regarda de toute la force de ses yeux.

Et bientôt il crut distinguer quelque chose comme une longue corde blanche que l'on poussait à travers les barreaux de la fenêtre et qui pendait jusqu'auprès du sol.

Ensuite, il s'imagina voir un corps passer à travers les mêmes barreaux, des bras saisir la corde blanche qui lui semblait maintenant faite de draps de lits noués bout à bout, et un homme qui se laissait glisser avec d'infinies précautions...

Le soir, une ronde fut faite dans les carrières environnantes.

CHAPITRE XVII

La poursuite

Tout à coup un dernier rayon de lune perça le brouillard et Marius aperçut un homme qui descendait le long des murailles.

C'était évidemment le prisonnier qui s'évadait.

Marius courut au lit de Montagny et le secoua sans souci de son repos :

— Viens! dit-il, viens voir!

— Qu'y a-t-il? murmura Georges en se frottant les yeux, tout surpris d'un réveil aussi brusque.

— Viens! répliqua pour toute réponse notre ami Champagnac.

Montagny comprit qu'il se passait une chose extraordinaire. Pendant que Marius retournait à la fenêtre pour ne pas perdre de vue le prisonnier, Montagny se vêtit à la hâte.

Puis, il ouvrit la porte de communication qui reliait sa chambre à celle de Sain-Jean et de Dubodan, et il réveilla ses deux camarades.

Ceux-ci furent bientôt sur pied, ne sachant encore ce qu'on voulait. Enfin, ils vinrent rejoindre Champagnac qui guettait toujours.

En quelques mots, Marius mit tout le monde au courant de la situation.

Le prisonnier avait atteint le sol. Il avait regardé autour de lui. Puis, ayant aperçu sans doute une sentinelle, il s'était jeté précipitamment dans un recoin du mur où Marius l'avait perdu.

Ce récit, très bref et très éloquent, eut le don d'intéresser prodigieusement les collégiens.

C'était un voleur, le fameux voleur dont on avait parlé toute la soirée, qui s'enfuyait. Le fait était certain. Déjà, les quatre amis pensaient à donner l'éveil à l'hôtel et ensuite à la prison, quand Montagny, toujours sage, murmura :

— Il faut croire ce que dit Marius, mais son esprit, surexcité par les histoires de ce soir, l'a peut-être mal guidé en lui faisant prendre une fiction pour la réalité. Avant de déranger toute la maison, et ensuite, toute la ville, nous ferons prudemment de nous assurer d'abord que c'est bien un voleur que les yeux de Marius ont aperçu.

— Oh! fit Champagnac avec chagrin, vous ne me croyez pas?...

— Si, nous te croyons! s'empressa d'ajouter Montagny. Nous croyons à la sincérité de tes paroles. Mais tes yeux n'ont-ils pu, dans l'obscurité de cette nuit, être le jouet d'une illusion? Songe aux embarras que nous avons déjà éprouvés en notre voyage et à ceux que tu nous causerais si nous donnions une fausse alarme. Pour ma part, je crois que tu as vu, mais je désire que Paul et que Léon voient de leurs yeux. Regardons du côté que nous indique Marius et, à nous quatre, nous saurons bien découvrir l'évadé s'il est encore là!

Saint-Jean, Dubodan et Marius lui-même se rangèrent silencieusement à l'opinion de Montagny.

Devant la fenêtre ouverte, serrés les uns contre les autres, restant invisibles pour le dehors et pouvant voir du dedans lorsque la lumière du jour où quelques rayons égarés de la lune le leur permettraient, ils restaient immobiles et inquiets dans l'attente d'un événement inconnu.

Soudain, Dubodan, d'une nature moins impressionnable que ses amis, se mit à éternuer.

— Au diable ton maudit nez! murmura Saint-Jean en étouffant autant qu'il était possible l'éternuement intempestif de son ami.

— Tiens! répondit tranquillement Léon, comme si c'était de ma faute! C'est le froid de la nuit...

— Chut! chut! dit tout à coup d'un accent impératif Marius de Champagnac.

Le silence revint au milieu de nos quatre amis.

— As-tu donc vu quelque chose? murmura Montagny encore un peu incrédule.

— Oui, j'ai vu!... répondit Champagnac sur le même ton. Attendez!...

Et Marius étendit le bras.

Quatre paires d'excellents yeux se dirigèrent dans la direction indiquée par le jeune Gascon.

— Je ne vois rien! murmura Dubodan.

— Mais j'entends quelque chose! ajouta Saint-Jean.

— N'est-ce pas? dit vivement Marius.

En effet, on eût dit comme un bruit de pierres qui de temps en temps tombaient sur le sol.

— Qu'est-ce que c'est que ça? dit Dubodan.

— Des plâtras qui se détachent du mur intérieur contre lequel le prisonnier doit être en train de grimper, reprit Marius.

— C'est possible, dit Montagny.

— Mais alors il monte derrière cette grande muraille que nous avons là devant nous?

— Oui.

— En ce cas, nous allons bientôt le voir apparaître sur l'arête du mur?

— Oui! taisons-nous! taisons-nous! et regardons!

L'émotion des quatre amis était excessive.

Tout à coup Montagny, Saint-Jean et Dubodan se sentirent pressés d'une même étreinte. C'était Marius qui les serrait ainsi de son bras droit pendant que, silencieusement, il dirigeait son autre bras vers un point de la crête de la muraille.

— Voyez! murmura-t-il enfin d'une voix à peine perceptible.

Les trois amis n'avaient plus besoin de ce conseil. Ils voyaient maintenant aussi bien que Marius.

Une forme noire venait d'arriver au faîte du mur. Elle s'agrippait et se retenait là de toutes ses forces, paraissant haletante, épuisée des efforts qu'elle venait de faire. Pendant quelques secondes, elle sembla immobile, et faire partie intégrante du pan de mur.

Décidément était-ce un homme? Les yeux de nos amis n'étaient-ils pas la proie d'un mirage?

Montagny hésitait encore à croire à la réalité de la vision de son ami Marius quand un coup de vent fit un trou dans la brume en laissant pénétrer quelques légers rayons de l'aurore.

La forme noire fut visible pendant un instant. L'erreur n'était plus possible. C'était bien un homme qui se trouvait là sur le mur. C'était bien un prisonnier qui cherchait à s'évader.

Dubodan ouvrit la bouche. Un cri formidable allait évidemment sortir de ses vastes poumons et, réveillant les gens de l'hôtel, ce cri aurait en même temps averti le voleur que sa fuite était découverte.

Peut-être celui-ci aurait-il eu alors le temps de descendre à terre et de se sauver avant que les gens n'eussent été éveillés et que les collégiens eussent pu s'assurer du chemin qu'il prenait, lorsque Montagny ferma brusquement de sa main les lèvres de Dubodan, dont le cri se transforma en un sourd grognement peu redoutable.

— Ah ça !... pourquoi... m'étouffes-tu? dit Dubodan à demi suffoqué. Pourquoi ne pas appeler?...

Mais Montagny ne perdant pas la tête, répondit rapidement à Dubodan :

— Tu vas rester ici à cette fenêtre avec Marius. Saint-Jean et moi, nous allons réveiller sans faire de bruit le maître et les garçons de l'hôtel, et nous nous tiendrons à la porte de la rue, prêts à ouvrir et à courir sus au voleur dès qu'il aura descendu, ce que nous saurons par les cris de Marius et de Léon.

— C'est entendu! répondit Champagnac à Montagny qui s'en alla sur la pointe des pieds, accompagné par Saint-Jean.

Marius et Dubodan restèrent donc à la fenêtre, guettant l'évadé.

Celui-ci tâchait de recouvrer de nouvelles forces pour descendre les sept ou huit mètres de muraille qui le séparaient de la liberté. Et, sans doute, avant d'accomplir ce chemin périlleux, il attendait que quelques faibles lueurs du jour naissant pussent lui indiquer les moyens d'une descente propice.

Bientôt du bruit se fit dans l'hôtel. Des portes s'ouvraient et se refermaient. Des gens marchaient dans les couloirs. Un voyageur, mal prévenu, ouvrit sa fenêtre.

Alors, le prisonnier dressa l'oreille, regarda dans la direction de l'hôtel, et devina sans doute qu'il était la cause du bruit qui s'y faisait entendre.

Il se suspendit par les mains en dehors du mur, cherchant avec ses pieds quelques anfractuosités qui pourraient lui servir de point d'appui.

A ce moment, les gros verrous de la grande porte de l'hôtel grincèrent dans leurs crampons.

Le prisonnier entendit ce bruit. Il tourna la tête sur son épaule et parut prendre une résolution désespérée.

Il lâcha les mains qui le retenaient encore à la muraille et tomba à terre comme une masse.

A ce moment, deux cris retentirent.

Ces cris étaient le signal convenu donné par Champagnac et Dubodan.

On sait qu'à cet instant précis, la porte devait s'ouvrir. Par malheur, si les verrous avaient fonctionné, il n'en était pas de même de la serrure dont la clef était introuvable, la brave maîtresse d'hôtel ayant eu, cette nuit-là, si peur des voleurs qu'elle avait eu soin de l'emporter elle-même dans sa chambre.

Aussi, les efforts de ceux qui voulaient ouvrir la porte restaient-ils infructueux.

Marius et Dubodan ne concevaient pas la cause de ce malheureux retard.

Mais, comme le voleur après être tombé, n'avait pas fait un mouvement, ils en concluaient qu'il était sinon tué au moins blessé, et leur impatience en éprouvait une certaine atténuation.

Enfin, Dubodan qui était allé jusqu'au couloir, entendit la porte qui s'ouvrait :

— Viens, Marius, cria-t-il, ils ont ouvert !

Marius ne répondit pas.

— Qu'est-ce que tu fais? reprit Léon.

Il ne reçut pas encore de réponse.

Il s'avança vers la fenêtre. Marius n'était plus là !

Il se pencha sur l'appui, et, il aperçut au loin une ombre qui fuyait, puis derrière cette ombre et à une grande distance, une seconde ombre qui semblait poursuivre la première.

Dubodan comprit.

Marius, voyant le voleur se relever et s'enfuir, n'avait pas hésité. Il avait sauté par la fenêtre, et, déjà, il était sur les traces de l'évadé.

— Ma foi ! se dit bonnement Dubodan, puisque Marius l'a bien fait pourquoi ne le ferais-je pas?

Et lui aussi, il sauta par la fenêtre.

A ce moment, la porte de l'hôtel ouverte laissait passer Montagny et Saint-Jean ainsi que les personnes de l'hôtel.

Dubodan, qui était tombé sans se faire une égratignure, s'écria :

— Par ici! par ici! Champagnac est déjà à sa poursuite!

Et, tout le monde se jeta sur les pas de Dubodan, qui suivait Champagnac, qui poursuivait le voleur!

Champagnac n'était déjà plus visible.

Emporté par son ardeur, il s'était mis bravement tout seul à la poursuite de l'évadé.

Cependant le maître d'hôtel, laissant les garçons et les voyageurs courir à la recherche du voleur, avait jugé utile de prévenir aussitôt le directeur de la prison.

Celui-ci, étonné d'une évasion aussi audacieuse, se rendit compte de la façon dont elle avait été opérée.

Le prisonnier, qui avait nié avec énergie sa culpabilité et qui semblait avoir des papiers en règle, avait été l'objet de quelque bienveillance.

On lui avait laissé le contenu de ses poches, et, au lieu de le mettre dans la geôle commune, on s'était contenté de l'enfermer dans une chambre où un lit était dressé.

Dans ses poches le voleur avait un couteau à plusieurs lames, comprenant une lime et des ciseaux.

Quand la nuit fut venue et qu'il n'entendit plus aucun bruit, quand il supposa que chacun dormait, il s'approcha de la fenêtre, et, à l'aide de la lime, il parvint à scier un des barreaux qui la grillaient.

Employant toute sa force, il tordit ensuite ce barreau, qui lui livra un passage, difficile, à la vérité, mais un passage vers la liberté. En se faisant petit, en s'amincissant, il parviendrait à passer.

Rassuré sur ce point, il revint vers le lit, en retira les draps, et avec ses ciseaux, il les découpa en longues lanières qu'il noua fortement bout à bout.

Il assujettit cette corde improvisée à un des barreaux non entamés, et, profitant de l'obscurité propice, il se laissa glisser jusqu'à terre

Là, il se trouva dans une cour assez large qui entourait la prison.

Ce n'était pas encore la liberté, car cette cour avait pour limite une muraille assez haute, mais vieille et en mauvais état.

Dans la journée, le voleur avait eu le temps de se rendre compte de ces détails.

Il allait s'élancer pour traverser la cour et s'approcher de la muraille, quand un pas lourd et un cliquetis d'armes le firent tressaillir.

La sentinelle qui veillait dans la cour venait de son côté.

Il se crut découvert.

Pas un angle, pas un recoin dans le mur ne pouvait le mettre à l'abri.

La sentinelle approchait.

Une idée vint subitement au prisonnier.

Il se jeta à terre et s'aplatit.

Si la sentinelle ne baissait pas les yeux, le voleur resterait inaperçu.

C'est ce qui arriva.

D'ailleurs, la nuit sombre favorisait les projets du malfaiteur.

La sentinelle passa sans le voir.

Le prisonnier attendit qu'elle se fût éloignée.

Alors d'un bond il fut au pied de la muraille, et l'énergie, l'espoir du salut lui donnant des forces extraordinaires, il se prit à grimper contre cette muraille, dont les aspérités lui fournirent des points d'appui pour ses mains et ses pieds.

Soudain, une pierre se détacha, et, roulant le long du mur, vint se briser sur le pavé de la cour.

Le prisonnier se cramponna, retenant son souffle, dans une crainte terrible.

Le bruit avait, en effet, attiré la sentinelle, qui revenait, inquiète, voir ce qui en était la cause.

Elle poussa du pied les éclats de la pierre tombée, et le voleur l'entendit murmurer :

— Maudites murailles! Un jour elles finiront par s'écrouler, tout entières!

Puis elle reprit son chemin.

Alors, avec des précautions infinies, le voleur se hissa jusqu'en haut, et c'est là que Marius et ses amis l'avaient aperçu.

Voilà le drame qui s'était déroulé à l'intérieur de la prison, et dont le directeur put rapidement reconstituer les divers épisodes.

La gendarmerie aussitôt avertie, se mit sur les traces du fugitif.

Celui-ci était déjà loin sans doute, car Dubodan, Montagny et Saint-Jean avaient fini par retrouver leur ami Champagnac, assis sur un tas de pierres, essoufflé et furieux de n'avoir pu le rejoindre.

Marius avait suivi l'évadé, aussi longtemps que ses forces le lui avaient permis; mais il lui avait bien fallu s'arrêter.

L'autre avait disparu dans un repli de terrain, et Marius était presque tombé de fatigue.

Pendant ce temps, le jour était venu.

Nos amis et les gens de l'hôtel jugèrent qu'il n'y avait désormais qu'à laisser les gendarmes achever l'œuvre commencée, et ils s'en revinrent.

Ce fut un grand émoi que cette évasion dans la petite ville de Mirande.

Elle devint le sujet de toutes les conversations, et chacun proposa son plan pour retrouver le fugitif.

Le télégraphe avait prévenu partout. Aux gares des chemins de fer et dans les localités environnantes, le signalement du voleur était donné.

Comme il n'avait sur lui que ses vêtements, on pensait qu'il ne pourrait se déguiser et, par suite, échapper aux recherches de la gendarmerie.

Toute la journée on attendit des nouvelles.

Pourtant Montagny, Dubodan et Saint-Jean pressaient Marius de continuer le voyage.

Ils n'avaient plus rien à faire à Mirande. Que leur importait ce voleur?

Champagnac désirait bien obéir à ses amis, puisque le but de ce voyage était l'objet de tous ses vœux, et cependant un pressentiment vague le retenait.

— Attendons encore, disait-il, nous partirons dès qu'on l'aura retrouvé.

Enfin, vers le milieu du jour, aucune nouvelle du fugitif n'étant parvenue, Marius se décidait à suivre ses amis, lorsqu'il reçut l'ordre du commissaire de police de se rendre auprès de lui.

Accompagné de ses camarades il se dirigea vers le commissariat, où il dut, en présence du directeur de la prison, répéter tous les incidents de l'évasion dont il avait été le témoin.

Le commissaire, après avoir pris connaissance des qualités de Marius et de ses compagnons et s'être fait expliquer ce qu'il avait besoin de savoir, pria les quatre amis de suspendre leur voyage jusqu'à ce que le voleur eût été arrêté.

Il fallait bien se conformer à cette demande, et les voyageurs attendirent, impatients, le résultat des recherches de la gendarmerie.

Vers six heures du soir, les gendarmes rentrèrent à la ville.

Leur perquisition restait infructueuse.

Néanmoins, tout prouvait que le prisonnier n'avait pu s'enfuir hors de certaines limites.

Les précautions avaient été assez vivement prises pour l'en empêcher.

Il existe des carrières de pierre calcaire et de marbre commun dans les environs de Mirande. Aussi pouvait-on supposer que le voleur chercherait un refuge dans ces sombres demeures souterraines. Mais le jour ces carrières étaient occupées par des ouvriers. Ce ne serait que la nuit que le fugitif aurait la possibilité d'y chercher un abri.

Il fut donc décidé que, le soir, après dîner, une ronde serait faite dans les carrières environnantes.

A l'heure dite, les gendarmes, suivis de plusieurs personnes de bonne volonté et naturellement de nos quatre amis, sortirent de Mirande et se répandirent dans la campagne.

Ce fut bientôt Marius de Champagnac qui eut le beau rôle dans cette excursion nocturne.

N'était-ce pas lui qui avait aperçu, le dernier, le prisonnier évadé?

N'était-ce pas lui qui pouvait donner les renseignements les plus sûrs?

Il indiqua donc à la petite troupe l'endroit où il avait perdu de vue le fugitif.

Le voleur fut remis aux mains des gendarmes

CHAPITRE XVIII

L'arrestation

Marius de Champagnac s'orienta, et, après quelques hésitations facilement compréhensibles, il indiqua l'une des carrières comme pouvant être celle où le voleur s'était caché.

— Moi, fit observer le capitaine de gendarmerie, j'opinerais plutôt pour fouiller cette autre qui est sur la droite. Elle est abandonnée depuis longtemps, et notre voleur a dû penser qu'on ne viendrait pas l'y chercher.

— Au contraire, répondit judicieusement Marius; ce voleur-là est un malin pour avoir déjà fait ce que nous avons vu. Il aura choisi la carrière où l'on travaille, et que l'on considère pour lui comme un abri insuffisant. Allons vers celle-là!

Aussitôt les torches furent allumées.

La carrière où pénétraient nos amis Marius, Montagny, Saint-Jean et Dubodan, les gendarmes et les gens curieux de Mirande avait un aspect lugubre, qu'augmentait encore la lueur indécise des torches qui fumaient et projetaient des ombres fantastiques sur les parois, les voûtes élevées et les couloirs grossièrement taillés dans le roc.

Autour de la carrière, des gendarmes avaient été postés, chargés de surveiller les passages par où le voleur aurait pu s'échapper.

La petite troupe allait à pas lents, redoutant les crevasses imprévues et sondant les anfractuosités fréquentes qui se présentaient devant elle.

Personne ne parlait. On n'entendait que le bruit lourd des pas, qui se répercutait, assourdi, dans les longs couloirs. Ce silence avait quelque chose d'effrayant et de lugubre.

Quelques gens de la ville, amenés là surtout par la curiosité, dissimulaient avec peine l'effroi sans cause qu'ils éprouvaient.

Quant à nos quatre collégiens, leur intelligence et leur éducation les empêchaient de rien craindre.

Qu'avaient-ils à redouter d'ailleurs?

N'étaient-ils pas en nombre plus que suffisant pour arrêter un malfaiteur?

L'attrait de cette excursion nocturne mis à part, ils se considéraient comme accomplissant un devoir, et ils suivaient tranquillement le capitaine de gendarmerie, qui ouvrait la marche.

En traversant un passage ouvert entre deux tranchées, Marius de Champagnac s'arrêta subitement.

— Qu'as-tu? murmura Montagny à son oreille. As-tu vu quelque chose!

Marius hésita; il regardait toujours vers un même point.

— Allons! tu t'es trompé, mon cher Marius, reprit Montagny, viens, suivons la ronde!

Et Champagnac, craignant encore de passer aux yeux de son excellent ami Georges pour un visionnaire, reprit sa marche sans dire une parole.

Cependant, à partir de ce moment, il parut ne plus regarder autour de lui avec le soin qu'il mettait précédemment à cette opération.

Il était évident que son esprit était ailleurs.

Montagny ne pouvait s'expliquer ce changement soudain.

La carrière avait été enfin visitée de fond en comble, et, il faut le dire, les recherches restaient infructueuses.

La petite troupe avait, sur un ordre donné, repris le chemin par où elle était venue.

Il fallait repasser par l'endroit où Marius s'était arrêté, et celui-ci avait recouvré toute son assurance.

Montagny voyait, à la lumière des torches, les yeux de son ami briller avec une intensité extraordinaire, comme si Marius eût voulu donner à ses regards la force de percer l'épaisseur des ténèbres.

Tout à coup, au moment où l'on franchissait le passage signalé, Marius de Champagnac, dont Montagny avait pris le bras, se dégagea d'un mouvement si brusque, que son compagnon ne put le retenir, et d'un bond il s'élança vers l'une des tranchées.

— Marius! Marius! s'écria Georges de Montagny.

A ce cri, tout le monde s'arrêta.

Le commandant de la troupe revint rapidement vers Montagny.

— Que se passe-t-il? demanda-t-il vivement.

— Marius vient de disparaître par là!

— A-t-il donc aperçu quelqu'un?

— Je l'ignore. Peut-être s'est-il imaginé voir son voleur? Il m'a quitté tout à coup sans même me prévenir.

— Il n'y a pas un instant à perdre. Suivons ses traces!

Chacun s'engagea dans la tranchée, que les torches n'éclairaient que très faiblement.

Cependant Dubodan et Saint-Jean étaient venus se ranger auprès de

Dubodan, le genou posé sur la poitrine du malfaiteur.

Montagny, et les trois amis, pleins d'inquiétude, cherchaient, regardaient et écoutaient.

Soudain, un cri ébranla l'air, et une voix bien connue parvint jusqu'aux collégiens.

Cette voix appelait à l'aide.

On s'arrêta, et chacun tendit l'oreille afin de deviner la direction qu'on devait prendre.

Enfin un nouveau cri et un nouvel appel se firent entendre, plus distinct cette fois; on comprit ce que disait cette voix, qui n'était autre que celle de Marius de Champagnac. Elle disait :

— A moi, Dubodan, Montagny et Saint-Jean!

Les trois amis n'eurent pas besoin d'un second avertissement.

N'écoutant que leur amitié et leur courage, ils se jetèrent du côté d'où partait la voix.

Leurs torches les éclairaient mal. Le pied de Saint-Jean se prit dans des gravats; il tomba, entraînant Montagny.

Mais déjà ils s'étaient rapprochés de l'endroit désiré, et, tout en se relevant, ils entendirent le bruit d'une lutte engagée à quelques pas d'eux.

A tâtons, ils retrouvèrent leur chemin, pendant que les autres porteurs de torches accouraient derrière eux.

Bientôt tout le monde se retrouva devant une masse de roche détachée des parois de la carrière.

Et alors on put entendre la grosse voix de Dubodan, qui, d'un ton fort tranquille, disait :

— Ne crains rien, ami Marius, nous le tenons et pour tout de bon !

On contourna aussitôt cette masse de pierre calcaire, et l'on put assister au spectacle suivant :

Dubodan avait le genou posé sur la poitrine du malfaiteur, pendant que Marius attachait les mains de ce dernier à l'aide de son mouchoir.

— Le voilà ! s'écria Champagnac avec un accent de victoire.

Et toute la troupe, enthousiasmée, répéta en même temps que l'écho des voûtes :

— Le voilà !...

— Ah ! c'est bien ! c'est très bien ! tous mes compliments, jeune homme ! s'écria le capitaine en remettant le voleur aux mains de ses hommes. Vous vous êtes conduit en garçon intelligent et brave.

— Oui, répondit Marius ; pourtant, sans l'aide de mon ami Dubodan j'aurais passé un bien vilain quart d'heure.

— Mais, dit le brave Léon, Montagny et Saint-Jean étaient aussi de la fête. Ce n'est pas leur faute, s'ils sont tombés en route.

Et Marius et Dubodan vinrent serrer cordialement les mains de Saint-Jean et de Montagny.

A la sortie de la carrière, les premiers rayons du soleil perçaient la brume de la nuit. Bientôt le jour se fit complet, et Marius, toujours guidé par son idée fixe, s'approcha du prisonnier qu'il dévisagea.

— Serait-ce ton voleur ? demanda doucement le sceptique Saint-Jean, ton voleur de Paris qui serait venu s'échouer à Mirande ?...

Champagnac sentit alors les regards de Montagny et de Dubodan qui l'observaient, pleins d'incrédulité.

Il garda le silence pendant quelques minutes; puis il répondit simplement :

— Je crois que c'est lui.

Montagny arrêta d'un geste l'éclat de rire qui s'apprêtait à quitter les lèvres de Saint-Jean. N'était-il pas inutile de chagriner Marius? Il serait toujours temps de savoir s'il avait raison.

Et, très intrigué, Montagny ajouta :

M'expliqueras-tu à présent comment tu as découvert le fugitif? L'avais-tu donc aperçu lorsque tu m'as quitté le bras si brusquement?

— Je n'avais pas vu le voleur, répondit Marius, j'avais seulement vu ses yeux.

— Ses yeux? que veux-tu dire? demanda Léon Dubodan.

— Oui, ses yeux, ses deux yeux, qui brillaient dans l'ombre, et dont l'éclat n'avait pu m'échapper. La première fois, en passant, je les avais bien vus, mais je pensais être le jouet d'une illusion. La seconde fois, je fus certain de ne pas me tromper; mais, craignant qu'on ne doutât encore de moi, je résolus d'aller seul vers ces yeux qui trahissaient le fugitif. De cette façon, je n'engageais personne dans cette perquisition, et si je commettais une erreur, la confusion n'en était que pour moi seul.

Comme vous voyez, ajouta Marius de Champagnac, avec un petit sentiment de satisfaction et de vanité, fort excusable en pareille circonstance, je ne m'étais pas trompé!

— Bravo, Marius, bravo! répétèrent ensemble Montagny, Dubodan et Saint-Jean.

— Il faut dire, continua Marius, que Léon est arrivé fort à propos. Le malfaiteur s'était jeté sur moi et cherchait à me bâillonner, pour étouffer mes cris, lorsque la main robuste de Dubodan est venue me dégager et rendre impuissants les efforts de ce voleur.

— De ton voleur! ne put s'empêcher de dire encore une fois le petit Saint-Jean.

— Mon voleur, peut-être... peut-être!

— Puisque Marius tient à son idée, ne le contrarions pas, dit Montagny. Nous allons savoir, du reste, si cela est vrai : car nous arrivons chez le commissaire de police.

Le trajet de la petite troupe ramenant le prisonnier, à qui les gendarmes avaient mis les menottes, s'était effectué au milieu d'une affluence de monde considérable. Tout Mirande était là. Les quatre collégiens, Marius en tête, se trouvaient le point de mire de tous les regards. On connaissait déjà les détails de l'arrestation.

Les premières formalités opérées, le commissaire passa à l'interrogatoire des témoins.

Quand arriva le tour de Marius, il raconta brièvement ce qu'il venait de faire; puis il s'étendit sur le vol dont il avait été victime en débarquant à Paris.

— Vous croyez donc que cet homme est le même que celui dont vous avez eu à vous plaindre? demanda le commissaire.

— Oui, monsieur.

— Lui ressemble-t-il donc?

— Mon voleur était brun et portait la moustache.

— Mais celui-ci est blond et porte toute sa barbe. A quoi pouvez-vous le reconnaître?

— A ses yeux!

— Expliquez-vous.

— Monsieur le commissaire, dit Marius de Champagnac, on peut garder sa moustache et laisser pousser sa barbe; on peut aussi teindre ses cheveux; mais peut-on changer la couleur de ses yeux et l'éclat de son regard?

Le commissaire parut frappé de cette réponse, faite simplement avec un accent de conviction profonde. Il parut se souvenir de certain fait et consulta le directeur de la prison. Puis il envoya un agent muni d'ordres particuliers.

L'interrogatoire fut suspendu jusqu'au retour de cet agent, retour qui fut très prompt, car la prison n'était pas loin du commissariat.

L'agent revint, apportant dans un paquet plusieurs flacons qu'il posa sur le bureau.

Le commissaire examina les étiquettes de ces flacons.

Puis il dit :

— En effet, le prévenu se teint. Voici des fioles qui en font preuve,

Cet homme est le même.

et ses cheveux blonds ne sont pas plus les siens que les noms qu'il nous a donnés. Mais nous saurons découvrir les véritables! Je vais immédiatement demander des renseignements au parquet.

Puis s'adressant à Marius et à ses amis :

— Messieurs, leur dit-il, vous voudrez bien vous tenir à ma disposition.

Tout le monde fut congédié, et nos quatre collégiens se retrouvèrent dans la rue, fort embarrassés, se demandant combien de temps il leur faudrait rester à Mirande.

Mais l'affaire alla beaucoup plus vite qu'ils ne le pensaient.

Ils étaient rentrés à l'hôtel, et, comme tous ceux des voyageurs qui avaient passé la nuit à la recherche du voleur, ils s'étaient couchés.

Vers les cinq heures du soir, un agent vint les réveiller et leur apprendre qu'ils étaient attendus chez le commissaire de police.

Qu'est-ce que cela signifiait? Avait-on besoin de nouveaux renseignements? ou connaissait-on déjà l'identité du prisonnier?

Marius se rendit à cet appel pressant, suivi de ses trois camarades.

Dès qu'il fut dans le bureau, le commissaire lui dit :

— Il va entrer quelqu'un par la porte que voici. Regardez-le bien, et dites-moi si vous le connaissez.

Marius, fort intrigué par ce début, se retourna vers ses amis qui étaient, du reste, aussi étonnés que lui-même.

Un silence de quelques minutes s'établit dans la salle. Puis le commissaire parla à voix basse à un de ses agents, qui sortit.

Bientôt on entendit le bruit de verrous qui se tiraient, et le commissaire, s'adressant à Marius, lui dit brièvement :

— Attention!

Au même instant, la porte que le commissaire avait désignée s'ouvrit toute grande.

Un homme parut.

Il était brun, le visage entièrement rasé.

Le commissaire ainsi que Montagny, Saint-Jean et Dubodan regardaient avec curiosité Marius, qui avait fait aussitôt un mouvement de recul, et dont la physionomie révélait une étrange satisfaction.

— Mais c'est lui! s'écria enfin Champagnac.

— Lui! qui? demanda le commissaire, sans perdre de vue le jeune Gascon.

— Lui! lui-même! mon voleur!

— Son voleur! ne purent s'empêcher de répéter les trois collégiens, sur des tons de surprise à différents degrés.

— Oui, mon voleur! continua Marius, l'homme qui, à la gare d'Orléans, m'a volé ma lettre et mon argent!

L'individu qui venait d'entrer, et qui jusqu'alors avait paru d'une impassibilité parfaite, eut à ces mots un froncement de sourcils inaperçu pour tout le monde, sauf pour l'œil exercé du commissaire.

— Expliquez-vous! dit ce dernier à Champagnac.

Et celui-ci fit le récit de l'aventure, qui restait présente à son esprit comme au premier jour.

— Et vous? dit alors le commissaire en s'adressant à celui que Marius accusait, qu'avez-vous à répondre à cette accusation?

L'individu interpellé ne répondit pas. Il se contenta de hausser les épaules, comme si l'accusation dont on le chargeait lui semblait par trop enfantine.

— Oh! ce n'est pas la peine de simuler le dédain! reprit le commissaire. Tout me dit que ce jeune homme est sincère, et qu'il ne se trompe pas!

Marius dévisageait l'individu.

Soudain il eut un geste d'indécision et presque de dépit.

— Qu'avez-vous donc, mon jeune ami? demanda le commissaire.

— Monsieur, répondit alors Marius de Champagnac, je suis sûr de reconnaître cet homme, et pourtant je trouve dans sa physionomie un changement que je ne m'explique pas!

Le commissaire eut un sourire.

— Votre voleur n'avait-il pas des moustaches?

— Oui, c'est cela, c'est bien cela! Il ne manque à cet homme que des moustaches! Mais c'est lui, absolument lui!

— Vous voyez! vous êtes reconnu malgré tout! dit le commissaire à l'individu.

Celui-ci garda le silence.

Le commissaire continua.

— Je me doutais bien que la couleur blonde de vos cheveux et de votre barbe était factice. N'ai-je pas trouvé dans votre malle les flacons de teinture qui servaient à faciliter vos déguisements? Vous possédez maintenant votre nuance naturelle. Vous êtes brun et vous resterez brun. Je ne puis pas malheureusement vous rendre vos moustaches. Il n'y a que le temps qui puisse se charger de les faire repousser.

Marius et ses amis écoutaient, surpris.

— Mais, dit Montagny, le voleur blond qui s'est échappé de la prison n'est donc autre que cet homme brun que nous avons devant nous?

— Précisément! Les paroles de votre camarade Marius ont éveillé mes soupçons, et j'ai pu m'assurer que ce malfaiteur possédait des flacons de teinture, à l'aide desquels il pouvait presque impunément passer partout sans être reconnu. J'ai alors fait venir un coiffeur qui s'est chargé de rendre aux cheveux de monsieur leur couleur primitive. C'est ainsi que j'ai pu m'assurer de son identité et me convaincre que votre ami avait pleinement raison.

Cet homme va être reconduit en prison, et, cette fois, il ne s'en échappera pas. C'est moi qui vous en réponds!

M. de Champagnac signera ce procès-verbal, et pourra tranquillement se rendre à Tarbes, auprès de ses parents.

— Mais monsieur, vous savez donc?... murmura Marius.

— Oh! je ne sais rien, je suppose! répondit le commissaire en regardant Montagny d'une façon assez expressive pour que ce dernier comprît que le brave Mathieu était arrivé à temps pour expliquer au commissaire leur situation respective, et les tirer ainsi d'un nouveau mauvais pas.

Et, d'un geste affectueux, le commissaire congédia les quatre collégiens.

Marius, cependant, semblait avoir une dernière question à faire.

— Vous voulez me parler? dit le commissaire.

— Je voudrais seulement, monsieur, répondit Marius, savoir si je retrouverai mon argent volé.

— Cela n'est, hélas! guère probable, mon pauvre enfant. Il ne faut pas compter là-dessus!

— Oh! tant pis! tant pis! murmura Marius en regardant Montagny, et en semblant lui dire que s'il désirait ravoir cet argent, ce n'était que pour le lui rendre. Puis, il ajouta d'un air victorieux :

— Si je n'ai pas retrouvé mon argent, j'ai toujours retrouvé mon voleur !...

La rivière était transformée en torrent.

CHAPITRE XIX

Le torrent

Le lendemain, au point du jour, les quatre amis reprenaient le chemin qui devait les conduire à Tarbes.

Le soleil se levait voilé d'une brume assez épaisse : car, au milieu de cette nuit, un orage violent, habituel à ces régions du Midi, avait déversé des quantités d'eau considérables.

La terre, séchée depuis plusieurs jours, s'était bien vite désaltérée de cette eau qui lui tombait du ciel, mais les rivières en avaient reçu l'excédent.

Aussi, quand nos quatre petits voyageurs s'approchèrent de la Baïse, cette rivière qui contourne Mirande, ils la trouvèrent transformée en un torrent impétueux, roulant dans ses flots des arbres déracinés, des lambeaux de gazon arrachés aux rives et des débris de charpentes.

Ils restèrent frappés d'étonnement devant ce spectacle. Les eaux étaient jaunâtres. On eût dit qu'une main puissante avait fouillé et remué le fond de la rivière.

Les bords, envahis, rongés par les eaux, étaient déserts.

Les pêcheurs n'étaient pas venus s'y hasarder, connaissant la violence de cette calme rivière lorsque les pluies subites la rendent torrentielle.

Tout à coup, il sembla à Marius que des cris désespérés se faisaient entendre au loin :

— Ecoutez! dit-il à ses amis.

Et tous quatre, silencieux, tendirent l'oreille dans la direction qu'indiquait Marius d'un geste.

La Baïse se cachait derrière un bouquet de saules; un coude la dérobait à la vue; les cris paraissaient venir de ce côté.

Ils retentirent de nouveau, plus déchirants que la première fois.

Soudain, devant les saules, apparut une barque, entraînée violemment au fil de l'eau.

Dans cette barque, une femme, les bras levés au ciel, implorant un miracle, poussait des cris de désespoir.

La barque suivait le milieu de la rivière; mais là-bas, un pont de pierre dressait ses piles. La barque, dans un remous, allait inévitablement s'y heurter. C'était la mort de la malheureuse.

Montagny, Dubodan et Saint-Jean regardaient très émus et indécis.

Il fallait essayer de sauver cette femme; mais comment faire? Leurs efforts auraient-ils une telle puissance? Leur dévouement obtiendrait-il une semblable récompense?

Ils tournèrent les yeux les uns vers les autres comme pour se consulter et s'aperçurent que Marius n'était plus auprès d'eux.

Au même instant, un bruit pareil à celui d'un corps frappant les flots les fit tressaillir.

Marius de Champagnac, sans raisonner, sans savoir s'il serait assez fort pour arracher la pauvre femme au sort funeste qui l'attendait s'était jeté à la nage, et, de toute la puissance de ses bras et de ses jarrets, se dirigeait vers la barque qu'un courant plus tranquille faisait heureusement dériver.

— Marius!... s'écrièrent à la fois Dubodan, Montagny et Saint-Jean.

Marius, empêché par les flots qui l'engouffraient en partie, ne répondit que par un geste d'une éloquence facilement compréhensible.

Il allait vers la barque!

Sans se concerter, sans échanger une parole ni un regard, les trois amis restés sur le rivage sentirent naître en eux la même idée.

En une seconde, ils avaient jeté à terre paletots et jaquettes, et ils se trouvaient prêts à aller au secours de leur compagnon, qui venait d'exposer sa vie avec tant de courage.

Marius de Champagnac était à quelques brasses de la barque. Mais, chose étrange! la vieille femme ne semblait pas voir le sauveteur inattendu que le hasard lui envoyait.

Elle continuait à pousser des lamentations éplorées, sans chercher à se prêter au secours qui lui arrivait si fort à propos.

Georges, Léon et Paul suivaient avec une émotion intense cette scène palpitante.

Ils s'étaient portés en aval de la rivière, afin de se tenir prêts à secourir plus aisément Marius.

Celui-ci n'avait plus qu'un coup de jarret à donner pour saisir le bord de la barque, quand une vague le fit disparaître.

Marius était-il perdu?

A cet instant Dubodan, n'écoutant que son instinct de brave terre-neuve, s'élança dans les flots. Montagny et Saint-Jean, plus calmes, plus logiques, attendaient. Ils ne croyaient pas encore à une perte irréparable.

Ils avaient raison : car, bientôt, ils virent une main s'agripper au bord opposé de la barque, et une figure bien chère et bien connue apparaître de ce même côté.

Champagnac avait piqué une tête, traversé l'eau sous la barque, et était arrivé ainsi vers le côté du bateau qui lui paraissait le plus abordable. Bientôt, à la force des bras, il s'éleva et y entra.

Il se saisit de la godille, et, criant à la femme, qui continuait à ne pas sembler voir ce qui se passait, de se tranquilliser, il se mit à faire la manœuvre nécessaire pour se rapprocher de la rive.

Dubodan, au milieu de la Baïse, entre le bord et la barque, arrêta ses mouvements, cherchant à deviner de quelle façon il pourrait être utile à Marius.

Il revint ensuite prendre pied sur le sable dans la direction que Marius donnait à la barque, et bientôt il n'eut plus qu'à s'avancer pour saisir un bout de corde qui traînait au dehors du bateau.

— Tiens bon! lui cria Marius.

— N'aie pas peur! répondit Léon.

Mais, quelle que fût la force de Dubodan, l'impétuosité du torrent l'aurait vaincu si Montagny et Saint-Jean, entrant alors dans l'eau jusqu'au cou, ne fussent venus à son aide.

La barque contenant la vieille femme et Marius fut amenée à la rive et solidement amarrée; mais quand les quatre amis voulurent obtenir un renseignement de la malheureuse, ils s'aperçurent que ses réponses n'avaient aucun sens.

Elle était folle!

Qui fut alors bien embarrassé?

Ce fut Dubodan, et ce fut Montagny, et le petit Saint-Jean, et surtout Marius de Champagnac!

Dans cette barque, une femme poussait des cris de désespoir.

Qu'est-ce que nos quatre amis allaient faire de cette pauvre paysanne, qui avait perdu la raison et qui ne répondait pas à leurs questions?

Le chemin était désert.

On ne pouvait abandonner la malheureuse qu'on venait de sauver. Un seul parti restait à prendre : c'était de la conduire jusqu'à Laas, le premier village sur la route.

Peut-être serait-elle reconnue à cet endroit par quelque habitant, ou, tout au moins, pourrait-on obtenir quelque renseignement sur son identité.

— Mais voudra-t-elle venir avec nous? dit Marius, exprimant ainsi l'opinion générale.

— Essayons! répondit Montagny.

Ils placèrent la paysanne au milieu d'eux et, l'entraînant doucement, ils se dirigèrent vers Laas.

La paysanne se laissa faire; inconsciente, les yeux obstinément fixés vers le sol, elle marchait sans la moindre résistance.

Une expression de profonde douleur couvrait son visage.

On devinait que cette femme venait de subir quelque épreuve terrible, mais laquelle? Sa souffrance était muette, et nos collégiens n'échangeaient de temps en temps que quelques regards inquiets.

Enfin, les premières chaumières de Laas apparurent.

Les jeunes garçons et leur pauvre protégée entrèrent dans la seule auberge qu'il y eût au village. Ils racontèrent ce qui leur était arrivé et questionnèrent les habitants. Personne ne connaissait la pauvre femme. Le maire lui-même ne pouvait fournir aucun renseignement; après avoir félicité Marius de Champagnac sur son acte de courage et ses compagnons sur leur conduite, il confia la paysanne aux soins de la femme de l'aubergiste, en attendant qu'il se procurât quelques indices nécessaires. Puis il envoya chercher un médecin à Mirande, pour qu'il examinât l'état mental de la malheureuse, toujours en proie à une prostration que rien ne parvenait à dissiper.

Marius, Montagny, Dubodan et Saint-Jean, après avoir donné leurs noms au maire du village, et après s'être séchés, reprirent leur voyage.

Néanmoins, Montagny trouva moyen, sans être remarqué de ses camarades, de prendre à part le brave maire et de lui glisser quelques mots à l'oreille.

M. le maire parut très surpris de ce qu'il entendait, et quand le jeune homme eut terminé sa confidence, il lui serra vigoureusement les mains.

Montagny venait simplement d'apprendre à M. le maire que, derrière lui et ses compagnons, arriverait bientôt un homme qui se chargerait de pourvoir, s'il était utile, aux frais nécessités par la présence de la paysanne à l'auberge.

On sait que l'homme dont voulait parler Georges de Montagny n'était autre que Mathieu.

La Baise avait débordé et couvrait la campagne.

CHAPITRE XX

Une étrange rencontre

Il était dit que le trajet, relativement court, accompli par les quatre collégiens serait fertile en incidents.

Marius, après avoir consulté l'itinéraire qu'il avait dressé avec soin à Arcachon, avait décidé qu'on coucherait à Miélan.

Il y avait presque deux lieues encore à faire; par bonheur, nos amis avaient des jambes solides et une conscience absolument tranquille. Ils pouvaient donc espérer arriver à temps.

Mais voici qu'au milieu du chemin ils virent s'avancer une fillette toute seule, toute triste, abandonnée.

— Regardez! dit Marius.

— Quoi? répondit Dubodan, une petite mendiante, sans doute!

— Assurément! dit Saint-Jean.

— Qui sait? murmura Marius, l'esprit toujours en éveil.

Mais déjà Montagny était auprès de la petite et, le plus gentiment du monde, avec la voix la plus douce possible, il lui disait :

— Où vas-tu comme ça toute seule?... Réponds moi!... D'où viens-tu?... Comment t'appelles-tu?

Les trois amis s'étaient rapprochés de Georges et entouraient la petite, attendant curieusement sa réponse.

Elle était fort mignonne, cette fillette, avec ses grands yeux un peu effarés, ses cheveux ébouriffés et emmêlés, et son teint mordu par le soleil.

Mais dans quel pitoyable accoutrement elle se trouvait! Ses vêtements n'étaient plus que des guenilles.

On eût dit qu'ils avaient été mouillés, puis déchirés par des ronces ou des pierres.

Elle ne répondait toujours pas.

Enfin, étonnée, intimidée, apeurée par la vue de ces jeunes garçons qui l'interrogeaient, elle se mit à partir d'un gros sanglot.

— Hi! hi! hi! faisait-elle pendant que de grosses larmes tombaient du bout de ses cils noirs, inondant son visage.

Elle était à la fois touchante et comique.

— Hi! hi! hi! reprit Montagny en ne pouvant s'empêcher de sourire. Hi! hi! hi! ce n'est pas une réponse!

— Oui, reprit Champagnac, dis-nous, au lieu de pleurer, comment s'appelle ton papa ou ta maman.

A ces mots, la petite cessa de pleurer. Elle regarda Marius comme si elle cherchait à comprendre.

— Voyons! reprit celui-ci, je te demande le nom de ton papa et de ta maman, le sais-tu?

Il y eut un silence, puis la petite murmura quelques mots inintelligibles.

Enfin, à force de presser de questions la pauvre petite, ils finirent par entendre ces deux syllabes, les seules qu'elle prononçât : « Gran-man! Gran-man! »

Les collégiens se regardèrent surpris.

— Gran-man? répéta le premier Léon Dubodan, sans se donner le temps de réfléchir. Qu'est-ce qu'elle peut bien vouloir dire avec son « gran-man »?

Montagny et Champagnac réfléchissaient.

Saint-Jean dit à son tour :

— Ce doit être le nom de son village, nom qu'elle écorche probablement.

— Je ne le crois pas, dit Montagny.

— Moi non plus, ajouta Marius.

Et tous quatre, plus émus qu'ils ne voulaient le paraître, se remirent de très bonne foi à chercher la traduction des paroles de l'enfant.

— Si encore nous avions un dictionnaire! reprit le petit Saint-Jean, aimant toujours un peu à se moquer, malgré son bon cœur.

— Un dictionnaire? demanda Dubodan stupéfait.

— Oui, un dictionnaire patois. Elle parle peut-être la langue de son pays?

— Mais je la comprendrais, moi, répondit Marius, et je vous assure que le mot qu'elle prononce ne me rappelle rien!

De lourdes larmes roulaient encore dans les yeux de la petite.

Montagny prit son mouchoir et les essuya doucement.

— J'ai l'air d'être sa maman, dit-il avec un sourire.

— Oh! j'y suis, s'écria vivement Champagnac. J'ai compris! Montagny vient de me mettre sur la voie. Ce n'est pas gran-man qu'elle veut dire, mais, sans doute, grand'maman!

— Oui! répétaient les trois amis, ça doit être grand'maman! Marius a trouvé!

— Attendons, reprit Champagnac, et, regardant gentiment la petite, il lui dit : — Grand'maman, n'est-ce pas? C'est grand'maman que tu veux?

L'enfant ouvrit ses yeux tout grands et regarda à son tour celui qui lui parlait et qui semblait la comprendre.

Puis, sans répondre, elle jeta ses petits bras autour du cou de Marius pour qu'il l'embrassât.

Evidemment notre Gascon avait deviné juste.

Mais l'embarras de nos amis n'en restait pas moins assez vif.

Où était cette grand'maman? Où pouvait-on la retrouver?

Au moment où ils avaient rencontré la petite fille, elle se dirigeait vers Laas. C'était peut-être son instinct qui la guidait?

Et puis, Laas était le village le plus rapproché.

Ils revinrent donc sur leurs pas, résolus de ramener à Laas l'enfant trouvée.

— Attendez, dit Dubodan à ses compagnons, la petite est trop fatiguée pour aller à pied.

Et il mit sur son épaule la fillette, déjà un peu consolée et presque souriante à cette allure nouvelle.

En arrivant auprès du village, Saint-Jean ne put s'empêcher de murmurer :

— Mais, sapristi! nous allons passer pour des terre-neuve! Si l'Académie française nous voyait, elle nous décernerait un prix de vertu!

— Tu te trompes, mon cher Paul, répondit Montagny à ces paroles moqueuses, nous ne méritons pas le moindre prix de vertu, car nous ne faisons que strictement notre devoir.

Cette réponse était si vraie que Saint-Jean ne répliqua pas.

— Qu'est-ce que vous m'amenez encore là! s'écria la femme de l'aubergiste, en voyant revenir les quatre amis et leur petite compagne.

— Une enfant trouvée sur la route, répondit Marius en mettant la brave femme au courant des faits.

Où vas-tu comme ça toute seule?... réponds-moi!

— Voilà qui est fort étrange! murmura la femme.

— Que voulez-vous dire?

— Ceci : la paysanne que vous m'avez confiée, repose maintenant. Le médecin est venu et lui a donné une potion calmante qui a produit bon effet. Mais son sommeil est agité, et des exclamations fréquentes sortent de sa bouche.

— Vous avez entendu?...

— Oui, j'ai entendu à plusieurs reprises : « L'eau! l'eau! » et elle

La petite fille se jetait dans ses bras.

prononçait cela avec un accent de terreur; puis, d'autres fois, elle appelait, presque en pleurant : « Ninie! Ninie! »

Les quatre collégiens écoutaient, très attentifs.

Mais, à l'instant où l'aubergiste prononçait le nom de « Ninie », la petite fille, que Dubodan avait posée à terre, s'échappa de ses mains et courut se jeter dans les jupes de la femme.

— Tiens! est-ce que tu t'appellerais Ninie, petite? dit l'aubergiste, en examinant l'enfant..

— La petite, pour toute réponse, se cramponnait au tablier de la femme.

Alors la même pensée surgit dans le cerveau des quatre collégiens.

— Si c'était la grand'maman de Ninie qui fût là-haut, dans la chambre?

Il n'y avait pas à hésiter. Il fallait s'en convaincre.

Avec précautions, on pénétra dans la chambre de la paysanne.

Elle dormait encore.

Mais dès que la petite fille l'eut aperçue, elle lança de toutes ses forces le mot qui avait déjà si fort intrigué les collégiens :

— Gran-man! gran-man!

Cette voix chère et bien connue réveilla la pauvre femme. Elle ouvrit les yeux, vit l'enfant et, sautant à bas du lit, elle cria à son tour « Ninie! Ninie! » pendant que la petite fille se jetait dans ses bras.

La grand'maman et la petite-fille s'étaient retrouvées.

Et, en même temps, cette secousse d'émotion joyeuse avait rendu la raison à la pauvre grand'mère. Après les épanchements voulus par cette rencontre, Saint-Jean, avec curiosité, ne put s'empêcher de dire à la paysanne :

— Mais que vous est-il arrivé? Comment se fait-il que notre ami Marius vous retrouve au milieu de la rivière et que nous rencontrions votre petite fille sur la grand'route? C'est assez extraordinaire, et je vous assure que je voudrais bien savoir la cause de ces deux événements, qui d'ailleurs ont eu une si heureuse issue.

En entendant ainsi parler Saint-Jean la paysanne s'était redressée. Elle avait passé sa main sur son front, et, les sourcils rapprochés, elle cherchait à rappeler ses souvenirs.

— C'est vrai! dit-elle enfin. J'oubliais que j'étais en danger de mort quand l'un de vous m'a sauvée. Celui-là se nomme donc Marius, si j'ai bien retenu le nom qu'on a prononcé?

— Oui, madame, dit alors Montagny toujours respectueux; oui, madame, il se nomme Marius, et le voici.

Il poussa alors le petit Gascon vers la paysanne.

— Ah! dit la brave femme en serrant bien fort la main de Marius, ah! mon enfant, soyez mille fois remercié, non seulement en mon nom, mais encore au nom de ma petite Ninie et de son père!

— Elle n'a donc plus de maman, votre petite Ninie? demanda Dubodan.

— Hélas! non, monsieur, répondit la paysanne. Il y a longtemps qu'elle n'a plus que son père et sa grand'mère. Et encore son père est-il allé travailler à Paris. J'étais seule à la garder là-bas, à Marcadieu...

— Tiens! vous êtes de Marcadieu? dit Marius en interrompant.

— Oui; et si j'étais restée à Marcadieu avec la petite, au lieu d'aller aux Trois-Maisons, tout ce qui est arrivé ne serait pas arrivé!

— Expliquez-vous! dit Saint-Jean.

— Eh bien, voici la chose. Nous étions bien tranquilles, ma petite Ninie et moi, dans notre chaumière de Marcadieu, quand on vint me proposer d'entrer en service chez un fermier des Trois-Maisons. Les avantages étaient considérables pour moi, et on me permettait d'emmener ma petite fille. Je me décidai à accepter, quoiqu'il fût bien dur à mon âge de servir les autres; mais l'année avait été mauvaise; notre lopin de terre n'avait rien produit! Mon fils ne m'avait pas donné de ses nouvelles depuis plusieurs mois. J'étais au bout de mes économies. Je quittai Marcadieu et me rendis aux Trois-Maisons. Il y a huit jours à peine de cela, mes petits messieurs, dit la paysanne en soupirant. Mais, avant tout, il faut vous dire que ce qu'on appelle les Trois-Maisons est un petit hameau, composé de quelques fermes, situé au bas de la montagne et juste au bord de la Baïse. Sa position est très dangereuse, car lorsque les grandes pluies surviennent et que fondent les neiges de la montagne, il se trouve pris entre un torrent et la rivière. Cependant aucune catastrophe n'avait encore menacé les Trois-Maisons, quand, dans la nuit d'hier, — oui, dit la paysanne en se souvenant, c'était bien dans la nuit d'hier, — un craquement effroyable nous a tous réveillés. On eût dit que le hameau s'écroulait et était emporté par le torrent, dont les eaux avaient en quelques heures grossi hors de toutes prévisions. Je m'habillai à la hâte, et je descendis; mais, à peine au bas de l'escalier, j'aperçus les eaux qui déjà battaient la muraille. Puis, j'entendis les cris des habitants qui s'enfuyaient, tâchant de gagner la montagne. Épouvantée, je pensai à ma pauvre petite fille. Je remontai précipitamment à ma chambre, je la couvris de ses vêtements et je la portai auprès d'une des fenêtres qui se trouvait du côté de la montagne.

— Entre la fenêtre et la terre, continua la vieille femme, il y avait une distance assez peu considérable pour qu'une petite fille pût la franchir en sautant : « Allons, Ninie ! lui dis-je, en tâchant de prendre une voix rassurée, saute, saute vite ! Là-bas il n'y aura plus de danger ! » Mais la petite se cramponnait à mes jupons ; elle ne bougeait pas et me regardait, en ayant l'air de dire : « Mais toi, grand'maman, tu ne pourras pas sauter, tu es trop vieille ! » Je comprenais sa pensée. Alors je la mis sur le bord de la fenêtre et je lui dis : « Si ! je sauterai aussi, tu verras ! » Et, comme elle hésitait encore, je la poussai doucement, mais avec quelle angoisse ! Il était temps. A la même minute, une partie de la maison s'effondrait et je sentis bientôt le froid de l'eau qui m'emportait. L'instinct de la conservation me donna, sans doute, des forces : car, ayant aperçu un bateau à moitié brisé qui s'en allait au fil de l'eau, je parvins à l'atteindre et à m'y réfugier. Une fois là, je songeai que ma petite Ninie était perdue pour moi, et je crois que je devins folle, car je ne me rappelle plus rien !

Ce récit avait épuisé la pauvre femme, qui ferma les yeux, tout en continuant à serrer contre sa poitrine sa petite Ninie si heureusement sauvée.

Il était assez facile de deviner en effet comment la petite fille était venue jusque sur la route de Laas. Une fois tombée à terre, elle s'était relevée, et, prise d'une grande peur, elle avait couru dans la direction du village qu'elle connaissait ; mais à une bifurcation de chemins elle avait pris à droite au lieu de prendre à gauche, et elle était arrivée sur le grand chemin à égale distance de Laas et de Miélan.

La petite fille, dans les bras de sa grand'maman, regardait de ses grands yeux les quatre collégiens ; ces yeux n'exprimaient plus la frayeur, mais un sentiment de gratitude pour ceux qui l'avaient réunie à sa « gran'man ».

Avant de quitter la chambre, Marius embrassa l'enfant, et lui dit :

— Alors, tu vas retourner à Marcadieu? A Marcadieu, n'est-ce pas? répéta-t-il.

La petite sourit doucement pour toute réponse.

Et Marius en partant se redisait à lui-même ce nom de Marcadieu, qui lui semblait lié à sa propre histoire.

— Allons, dit Saint-Jean, il nous faut encore coucher ici; mais demain matin, à la première heure, en route et de grand train!

— Assurément! répondit Dubodan.

— Mais cette pauvre femme et cette gentille petite Ninie, nous les abandonnerons donc sans savoir ce qu'elles deviendront toutes deux? hasarda Marius.

— Rassure-toi, ami Champagnac, reprit gravement Montagny. On prendra soin d'elles, c'est moi qui t'en réponds.

Et comme chacun regardait Montagny avec étonnement, celui-ci reprit :

— Je vais écrire à quelqu'un que je connais pour qu'il leur apporte des secours.

Ce quelqu'un à qui Montagny écrivit était toujours Mathieu, qui veillait de loin sur les petits voyageurs.

CHAPITRE XXI

Le petit vin de Miélan

Le trajet qui séparait Laas de Miélan n'était pas long. On comptait à peine sept kilomètres.

Cette fois, les quatre amis croyaient bien accomplir leur chemin sans encombre. Le hasard avait semé sous leurs pas assez d'incidents divers pour qu'il les laissât désormais parvenir au but de leur voyage.

Le chaud soleil, dont les rayons brûlaient le clocher de Miélan, montrait aux voyageurs les toits clairs de la petite ville.

— Cette fois, dit Marius de Champagnac, rien n'aura entravé notre marche. Nous voici arrivés à Miélan !

— Pas encore ! répondit Saint-Jean. Il nous reste au moins un kilomètre à parcourir.

— Et que veux-tu qu'il nous arrive pendant ces mille mètres ?

Saint-Jean ne répondit pas.

Depuis le départ d'Auch, il était d'assez mauvaise humeur. Il aurait préféré de beaucoup le voyage tranquille et rapide en chemin de fer à cette course accidentée et fatigante de plusieurs journées. Les beautés de la campagne le laissaient fort indifférent.

La nature lui semblait peu confortable.

Rien ne valait à ses yeux son Paris si gai, si remuant, si beau et surtout si commode.

Aussi mit-on sur le compte de ses sentiments personnels l'espèce de prophétie menaçante sortie de sa bouche.

Et cependant ce petit augure sans le savoir n'avait pas tort. Les quatre amis suivaient un chemin montant qui paraissait désert.

Tout à coup, au sommet du chemin, apparut un homme que l'optique rendait gigantesque. Cet homme brandissait une sorte de massue, et son aspect frappa de surprise et presque de frayeur les quatre collégiens.

Néanmoins ils firent bonne contenance et continuèrent leur route.

Bientôt ils furent près de l'homme qui n'était réellement que de taille moyenne et dont la massue n'était qu'un simple gourdin.

Mais l'attitude de cet individu n'en était point plus rassurante pour cela.

Il s'était campé au milieu du chemin comme s'il voulait en barrer le passage.

Un mouvement d'arrêt involontaire se fit dans la petite bande :

— Marchons! dit Montagny à voix basse, et n'ayons pas peur!

— Ou, du moins, n'ayons pas l'air d'avoir peur! ajouta Marius, toujours pratique.

Ils s'avançaient donc résolument, décidés à ne pas faire attention à l'individu, mais tout en se tenant sur leurs gardes.

Bien leur prit de cette dernière précaution.

A peine avaient-ils fait quelques pas que l'homme au gourdin, faisant exécuter un moulinet à son arme, s'élança du côté des jeunes gens.

— On ne passe pas! s'écria-t-il d'une voix enrouée, le pays est à moi! on ne passe pas!

— C'est un fou! murmura Saint-Jean à l'oreille de Dubodan.

— Un fou que nous allons mettre à la raison, répondit Dubodan à haute voix.

— Qu'est-ce qu'il dit, celui-là? dit l'homme qui avait entendu. Nous allons bien voir ça!

Il s'avança, le bâton levé, sur Dubodan qui, toujours courageux, l'attendait de pied ferme.

Léon aurait été infailliblement vaincu s'il avait essayé de lutter, et cependant il n'aurait pas reculé d'un pas, si Marius ne l'avait tout à coup poussé de côté.

Le plan de Champagnac était excellent.

Le gourdin s'abattit entre Léon et Marius et fit jaillir du sol un flot de poussière.

L'homme releva son bâton, mais sa colère s'était tournée sur Marius.

On ne passe pas! s'écria-t-il d'une voix enrouée, le pays est à moi!

Il se mit à le poursuivre. On eût dit pourtant qu'il trébuchait en courant, mais il n'en était pas moins près d'atteindre Champagnac, quand, celui-ci, qui avait fait signe à ses compagnons de ne pas intervenir, fit un écart soudain.

Il était temps.

Le gourdin s'abattait de nouveau, frôlant à peine l'habit de Champagnac.

L'homme, qui avait cru trouver un point d'appui, perdit son équilibre.

Il chercha à se retenir, mais bientôt s'étala de tout son long au travers du chemin.

Les collégiens s'étaient prudemment reculés; cependant voyant que l'individu ne faisait aucun mouvement, ils se rapprochèrent inquiets.

— Il s'est tué ou blessé? dit Montagny.

Marius était déjà auprès de l'homme. Il regardait son visage :

— Mais non, dit-il, il dort!

— Tout s'explique, reprit Montagny, il est ivre!

Au même instant, un monsieur âgé, d'aspect respectable, accourait aussi vite que le lui permettaient ses vieilles jambes.

— Vous n'avez pas de mal, mes enfants? dit-il d'une voix essoufflée et pleine d'inquiétude.

— Non, monsieur, heureusement! répondit Montagny. Mais vous connaissez donc cet homme?

— Hélas! oui, c'est un fermier de Miélan où je suis instituteur. Je le connais, l'ayant eu tout petit à l'école. Après des chagrins de famille, il a pris la funeste habitude de boire, pour oublier, à ce qu'il dit; mais le petit vin du pays est très capiteux et le malheureux s'enivre souvent. Or, l'ivresse, mes enfants, quel terrible fléau! Quelle déplorable folie!

Les collégiens écoutaient avec une attention sympathique le vieil instituteur.

— Mais, monsieur, quelle est donc la cause de cette folie? demanda Marius de Champagnac.

L'instituteur jeta un regard sur les quatre jeunes gens qu'il avait devant lui. Leur air intelligent lui plut sans doute, car il leur dit :

— Aidez-moi à transporter ce malheureux à l'ombre; il pourrait être frappé d'une congestion cérébrale, et pendant qu'il dormira je tâcherai de répondre à votre question.

Les collégiens prêtèrent leur aide à l'instituteur, et bientôt ils s'assirent auprès de lui, tandis que le fermier ronflait bruyamment comme s'il avait eu la conscience tranquille.

— Vous m'avez demandé pourquoi le vin donnait cette folie dont vous venez de constater les effets. Je vais vous le dire en quelques mots.

Le vin, outre une quantité d'eau et certains acides, contient de l'alcool, comme vous le savez assurément.

Or, l'alcool qui, pris à des doses convenables, n'est pas nuisible à la santé, possède une influence considérable sur notre système nerveux.

Celui qui en abuse s'empoisonne, dans la réelle expression du mot,

Vous êtes au collège, n'est-ce pas ?

et nous en avons un triste exemple sous les yeux.

En même temps, d'un geste plein de tristesse, le vieil instituteur désignait le dormeur.

A peine l'alcool est-il introduit dans l'estomac, continua-t-il, qu'il est aussitôt absorbé par les veines, et se mêle au sang qui le transporte au cerveau. C'est là qu'il fait des siennes ! D'abord, il ne cause qu'une simple surexcitation, mais bientôt il trouble la raison et la volonté, enfin anéantit la pensée.

L'instituteur s'arrêta et, regardant ses jeunes auditeurs, il leur dit :

— Vous êtes au collège, n'est-ce pas ?

— Oui, monsieur.

— Alors, vous avez dû apprendre que Lycurgue exposait des esclaves ivres aux regards des enfants, pour dégoûter ceux-ci d'un tel spectacle ; que Pittacus, l'un des sept sages de la Grèce, décida que les fautes commises pendant l'ivresse seraient doublement punies ; et que, dans un accès de folie causé par l'alcoolisme, Alexandre le Grand tua son ami Clitus ?

— Oui, monsieur, répondit Montagny, nous savons cela.

— Eh bien, ce malheureux, auquel je m'intéresse parce que je le connais depuis bien des années, était autrefois le modèle des fils ; il se maria et fut un excellent mari et un bon père de famille. C'était avec cela un travailleur infatigable, le premier levé et le dernier couché.

Un jour, le malheur s'abattit sur lui. Il perdit dans l'espace d'une année sa femme et ses enfants. Ce fut un coup terrible pour lui. Forcément, il dut pendant ce temps négliger ses travaux ; des dettes furent contractées de divers côtés, et, au moment où il allait se remettre courageusement à l'ouvrage, quoiqu'il eût le cœur bien triste, des créanciers impitoyables firent vendre le peu qu'il possédait.

Quand il se vit chassé de la maison où il était né, et où ses parents, sa femme, ses enfants étaient morts, où il espérait mourir à son tour, il perdit tout reste de courage et de volonté. Le poids de ce dernier malheur avait ébranlé son cerveau. On rencontrait Joseph Casade, c'est ainsi qu'il s'appelle, battant la campagne, au hasard, sans but, ne voyant rien et ne parlant à personne. Un jour, après une de ses longues marches, il fut pris par la soif. Un cabaret se trouva sur la route ; Casade y entra, quand il en sortit, il chantait, mais sa gaieté était factice et mauvaise. Le malheureux était ivre. C'est de là que date son intermittente folie. Souvent je le rencontre sur la colline que vous apercevez là-bas, sur la gauche. De là, on voit la maisonnette que Joseph Casade habitait jadis, et c'est cette chaumière qu'il regarde. Cette chaumière lui rappelle à la fois son bonheur passé et son infortune présente, et il se complaît à ce triste spectacle, dont je cherche à l'arracher. Ce jour-là je suis sûr, malgré mes conseils et mes prières, que Casade cherchera dans le vin l'oubli de sa pensée. Le lendemain, il est honteux, et il me regarde de ses yeux suppliants comme pour me demander pardon, mais il est trop tard, le mal est fait.

Le vieil instituteur s'arrêta, et Montagny, très ému de cette histoire, hasarda cette question :

— N'y a-t-il donc pas moyen de guérir ce pauvre homme?

L'instituteur hocha la tête d'un air de regret, mais après une courte réflexion, il dit :

— Si, il y a un moyen, mais il est impraticable.

— Dites-le tout de même, monsieur.

— Eh bien, ce serait de lui rendre cette maisonnette, cette chaumière à laquelle toute sa vie semble attachée. Si un pareil miracle pouvait s'accomplir je suis sûr...

— Vous êtes sûr?... demanda vivement Montagny qui semblait attendre avec impatience l'opinion de l'instituteur.

— Je suis sûr que Joseph Casade perdrait aussitôt sa funeste habitude et qu'il reprendrait goût au travail. Je suis sûr, enfin, qu'un honnête homme nous serait rendu! Mais hélas! c'est impossible!

— Non, cela n'est pas si impossible que vous paraissez le croire! reprit vivement Georges de Montagny.

— Que signifient vos paroles? demanda l'instituteur en regardant, très étonné, le jeune interlocuteur.

Montagny, un peu embarassé, resta un instant sans répondre.

Enfin il dit :

— Mes paroles n'ont guère de portée... Je voudrais faire entendre qu'il n'est pas impossible qu'un homme de cœur vienne au secours de votre pauvre protégé...

Le vieil instituteur secoua la tête de nouveau : il ne croyait pas à l'intervention de ce sauveur inattendu.

A ce mot, un sanglot fit tressaillir nos amis.

Joseph Casade, réveillé depuis quelques minutes et revenu à lui, avait entendu la dernière partie de la conversation, et la honte, une honte sincère, profonde, l'avait repris. Il pleurait.

Pendant que Champagnac, Dubodan et Saint-Jean, attirés par la compassion, entouraient le fermier, Montagny dit à l'instituteur :

— Si, monsieur, il est possible, très possible qu'on vienne au secours de ce malheureux.

Et, comme le vieillard stupéfait interrogeait Montagny du regard, celui-ci continua :

— Un homme passera bientôt par ici. A la poste, il trouvera une lettre dans laquelle je lui dirai d'aller vous voir. Cet homme s'appelle Mathieu; il fera ce que je lui dirai dans ma lettre et ce que vous lui conseillerez; mais surtout pas un mot devant mes amis ni devant le fermier. Je n'aime pas les remerciements.

Le ton sincère et résolu sur lequel Georges de Montagny avait prononcé ces mots fit que le vieillard devina qu'il n'y avait qu'à obéir; mais, par un mouvement plein de spontanéité, il reprit les mains du jeune homme et les serra longuement dans une étreinte qui en disait plus que tous les discours du monde.

Grâce à la rencontre de Montagny et à l'intermédiaire de Mathieu, le miracle dont avait parlé l'instituteur allait s'accomplir.

On voit que si la durée du voyage de nos amis augmentait malgré eux, ils ne perdaient réellement pas leur temps.

L'oncle de Georges savait bien ce qu'il faisait en permettant ce libre voyage; il avait mis les quatre amis sur une route peu longue, peu dangereuse, mais où déjà ils apprenaient la vie.

CHAPITRE XXII

L'incendie

Après s'être reposés à Miélan et après un repas dont les estomacs avaient grand besoin, les quatre jeunes voyageurs se décidèrent à faire encore une étape et à gagner Villecomtal.

Deux lieues les séparaient de ce village ; mais le soleil allait bientôt se coucher et l'air rafraîchi leur permettrait de faire le chemin sans grande fatigue.

Ils partirent donc très gais, avec la hâte d'atteindre au terme du voyage.

Vers neuf heures du soir, il leur restait à peine quelques centaines de mètres à parcourir, quand l'attention de Marius fut attirée par une lueur singulière, qui perçait les arbres et semblait briller à une certaine hauteur du sol.

Marius s'arrêta :

— Regardez donc! dit-il à ses compagnons.

— Qu'est-ce que c'est encore que cela? murmura le petit Saint-Jean, qui prévoyait vaguement quelque aventure.

— Mais c'est le feu! reprit Marius.

— Le feu dans les arbres? demanda naïvement Léon Dubodan.

— Non pas dans les arbres mais dans quelque habitation perchée sur la colline! répondit Marius.

Les quatre amis immobiles regardaient toujours.

Bientôt le doute ne fut plus possible.

Une languette de feu s'échappa, se changeant en fumée, après avoir illuminé la façade d'une grande maison.

— Eh bien! que faisons-nous là sans bouger? s'écria Montagny.

— Tu as raison, dit Marius, allons au secours des gens que l'incendie menace.

Et, d'un commun accord, les quatre amis s'élancèrent vers l'endroit que les flammes leur signalaient au milieu de la nuit.

Quoique le petit Saint-Jean ne fût pas très satisfait de ce nouvel accident, il arriva le premier sur le lieu du sinistre.

C'était bien l'incendie, — l'incendie qui, ayant pris soudain dans les cuisines du sous-sol, léchait de larges flammes une partie du rez-de-chaussée.

Les domestiques qui couchaient dans les communs s'étaient habillés à la hâte; mais ils avaient la tête perdue et allaient et venaient sans savoir que faire.

Pourtant des cris de terreur se faisaient entendre, venant des fenêtres du premier étage.

— Une échelle! s'écria Marius, une échelle tout de suite!

Ces mots rendirent un peu de sang-froid aux domestiques, auxquels il ne manquait qu'une direction.

En une minute, une échelle et des cordes furent apportées.

L'échelle une fois appliquée contre le mur, sous l'une des fenêtres d'où partaient des cris et que les flammes menaçaient davantage, Marius s'élança sur les premiers échelons.

— Tenez ferme et, quoi qu'il arrive, ne lâchez pas! cria le jeune Gascon à Dubodan et à Montagny, qui maintenaient l'échelle par sa base.

Quant à Saint-Jean, il regardait avec une attention singulière deux collégiens qui apparaissaient à une autre fenêtre et qui appelaient au secours avec désespoir.

Appuie-toi là, Régis, dit-il, et ne crains rien.

Cette fenêtre était plus éloignée que l'autre des flammes qui grimpaient le long des murs, et le danger n'y était pas imminent.

Aussi Saint-Jean criait-il de toutes ses forces à ceux qui s'y montraient :

— Rassurez-vous ! rassurez-vous ! Il n'y a pas de danger pour vous ! On va vous sauver !

Et tout en criant ses yeux cherchaient à voir, à la lueur intermittente de l'incendie, les visages des collégiens.

Tout à coup une flamme plus intense que les autres se porta du côté de la fenêtre, éclairant en plein ces deux visages.

Saint-Jean recula d'un pas, tant sa surprise fut grande.

— Oh ! oh ! fit-il à plusieurs reprises. Ce sont eux ! ce sont bien eux !

Et il courut vers Montagny et Dubodan.

Pendant ce temps, un autre fait extraordinaire s'était passé sous la première fenêtre.

A peine Marius avait-il escaladé quelques échelons que, malgré lui, il se laissa glisser en arrière.

— Qu'y a-t-il ? murmurèrent Dubodan et Montagny.

— Cette voix ! cette voix qui appelle au secours !

— Eh bien ?

— Vous ne la reconnaissez pas ?

Pendant l'espace d'une seconde, les trois amis écoutèrent :

— Régis ! s'écria Montagny.

— Le Brésilien ! dit Dubodan.

Mais Marius n'avait pas attendu leur exclamation. Déjà il était au haut de l'échelle, et, tendant le bras à celui qui appelait :

— Appuie-toi là, Régis, dit-il rapidement, et ne crains rien !

Et, guidant Régis, posant les pieds du Brésilien sur les premiers échelons, soutenant le malheureux que la fumée avait à demi asphyxié, il parvint à le déposer à terre sain et sauf.

Les domestiques, sur l'ordre de Montagny, avaient inondé les caves et le sous-sol, de sorte que le feu avait perdu de sa violence. Cela rendait le sauvetage des autres malheureux beaucoup plus facile.

Saint-Jean arrivait à l'instant où Régis mettait un pied sur le sol.

— Régis ! dit-il à son tour stupéfait.

Puis il ajouta :

— Et savez-vous qui il y a là, à cette autre fenêtre? Il y a Grégory et Garcias !

— Eux !

Les amis se hâtèrent. Ils ne voulurent pas permettre à d'autres de sauver leurs anciens ennemis. La descente du Valaque et de Garcias fut rapidement opérée.

Quelle surprise et quelle joie éprouvèrent tous ces compagnons de collège, quand ils furent revenus de leurs premières frayeurs !

A l'inimitié inconsciente du lycée allait succéder la meilleure et la plus franche amitié.

L'émotion un peu calmée, les questions se croisèrent, rapides, confuses, curieuses :

— Comment êtes-vous ici?

— Et vous, qui vous amène en ce pays?

— Où allez-vous?

— D'où venez-vous?

— Quel hasard !

— Nous expliquerez-vous?...

— Mais, d'abord, dit Montagny mettant un terme à diverses interruptions, racontez-nous comment il se fait que nous vous trouvions dans cette maison, qui est, vous l'avouerez, un peu loin du lycée, et au moment où vous allez peut-être devenir la proie des flammes?

— Ah ! tu peux dire au moment où, sans toi, sans vous, nous aurions tous été brûlés ! s'écria Garcias.

— Oui, dit Grégory, vous nous avez sauvé la vie.

A ce moment, le petit Régis, qui était resté silencieux, s'avança vers Champagnac, un peu timide, un peu embarrassé; puis il lui tendit la main :

— Dis donc, Champagnac, dit-il doucement, nous ne serons plus fâchés, n'est-ce pas?

Champagnac, surpris, regarda le petit Brésilien.

Celui-ci avait les yeux un peu humides, un air de franchise, de sincérité éclairait son visage.

Marius de Champagnac, se sentit touché par cette avance charmante de son ancien ennemi.

Il prit la main qui lui était tendue :

— Non! dit-il, non! nous ne serons plus fâchés!

— Plus jamais?

— Plus jamais!

Saint-Jean, Montagny, Dubodan, ainsi que Grégory et Garcias, avaient suivi avec attention cette scène de courte durée.

Les trois petits Français se retournèrent alors vers les deux étrangers.

Leurs regards attendaient une réponse. Le grand Grégory et Garcias comprirent.

D'un même mouvement cordial ils prirent les mains de leurs anciens ennemis.

— Nous non plus, murmurèrent-ils, nous non plus... jamais fâchés! jamais!...

— Jamais! répétèrent les trois amis fort gravement.

Les sauvés ne pouvaient faire autrement que d'offrir l'hospitalité de la nuit à leurs sauveurs.

Les domestiques, enchantés de ces jeunes hôtes, venus si à propos pour les dégager d'une responsabilité terrible, s'empressèrent de remettre l'ordre dans la maison. Ils firent disparaître autant que possible les traces de l'incendie, et préparèrent ensuite un bon souper auquel les sept nouveaux amis firent grand honneur.

Grégory apprit alors aux voyageurs que la maison où ils étaient appartenait à son correspondant, M. Darciac, qui l'avait autorisé à amener avec lui ses deux amis Garcias et Régis.

Depuis deux jours, M. Darciac avait été obligé de s'absenter. Voilà pourquoi Grégory, Garcias et Régis se trouvaient seuls cette nuit dans la maison.

Après quelques heures d'un sommeil bien gagné, Montagny, Champagnac, Saint-Jean et Dubodan se remirent en route.

Grégory, Garcias et Régis les accompagnèrent jusqu'à Villecomtal, où l'on se sépara en se promettant de se retrouver au collège à la rentrée, mais, cette fois en vrais amis qu'on était devenu.

Assurément, cette année-là, on n'irait plus se battre dans la petite cour.

Ce souvenir évoqué par Marius les fit tous sourire, et l'on se sépara dans une franche et bonne gaieté.

CHAPITRE XXIII

ATHOS — PORTHOS — ARAMIS — D'ARTAGNAN

Les trois Mousquetaires

Pendant une heure, les jeunes voyageurs marchèrent sans échanger une parole, pensant à la nuit singulière qu'ils venaient de passer, et se complaisant dans le souvenir de la petite action presque héroïque qu'ils avaient accomplie.

Soudain, Marius de Champagnac leva les yeux, regarda devant lui et s'écria d'une voix joyeuse :

— Rabastens ! voilà Rabastens !

Ses amis s'arrêtèrent, attendant une explication.

Paul de Saint-Jean, voyant que Marius se taisait, murmura :

— Eh bien, Rabastens, c'est une petite ville, après?

— Après? répondit alors Marius, après? Tu ne sais donc pas, mon cher Saint-Jean, que Rabastens est la première ville des Hautes-Pyrénées et que nous sommes dans mon pays. Encore quelques lieues et nous serons à Tarbes; à Tarbes où, grâce à vous, je vais pouvoir embrasser mon père et ma mère... Comprenez-vous maintenant quelle est ma joie?...

— Oui, nous te comprenons! répondit Georges de Montagny.

Et, consultant la carte qu'il avait tracée avant de quitter Arcachon, il ajouta :

— Encore une vingtaine de kilomètres et nous serons chez toi!

— Comme maman va être contente! murmura Marius.

— Allons! marchons, et d'un bon pas! s'écria Léon Dubodan brusquement, pour couper court à l'émotion qui commençait à gagner tous ces braves petits cœurs.

Et l'on se remit en marche et d'un bon pas, de celui qu'avait demandé Dubodan.

A Rabastens, on déjeuna à la hâte, puis on se dirigea sur Vic-en-Bigorre, qu'il fallait atteindre avant la nuit, et où l'on coucherait.

Les voyageurs se trouvaient dans un pays plat avec des forêts à l'horizon; presque partout des vignes; puis des enclos où gambadaient de jeunes mulets, que les éleveurs vendaient chaque année en Espagne.

Bientôt ils pénétrèrent dans un petit bois qu'arrosait un cours d'eau transparente.

— Voici l'Adour, dit Marius.

— Est-ce qu'on peut s'y baigner? demanda Dubodan.

— Sans aucun doute.

— Eh bien, alors, baignons-nous! cela nous reposera.

— Que pense Montagny de cette idée? demanda Saint-Jean.

— Je la trouve excellente, répondit celui que l'on consultait toujours en pareille occasion; nous n'avons plus que trois kilomètres à faire aujourd'hui et nous n'en serons que plus dispos demain.

Les amis ne furent pas longs à suivre le conseil de Montagny. On fit une superbe partie d'eau. Tous savaient nager ; mais Montagny avait fait signe à Dubodan, le plus fort de tous, d'avoir l'œil sur Champagnac et Saint-Jean, toujours aventureux.

Montagny s'était montré prudent une fois de plus, car, sans Dubodan, le petit Saint-Jean, très fatigué, aurait infailliblement bu un grand coup au milieu du courant. Il est vrai que Saint-Jean ne voulut pas avouer sa fatigue et que Dubodan, toujours bon, n'essaya pas de le démentir.

Après le bain, on s'assit sous les arbres, moitié au soleil. Montagny, resté debout, examinait le paysage :

— Quel est donc ce château? demanda-t-il à Marius en désignant un monument d'ancien style, qui se dressait aux confins du petit bois. Tu dois le connaître, ami Champagnac.

— Si je le connais! je crois bien, c'est le château d'Artagnan!

— Le château d'Artagnan?

— Oui.

Dubodan et Saint-Jean se levèrent pour voir le château dont on parlait, puis ils regardèrent Marius, croyant que celui-ci allait leur apprendre quelque chose.

Mais Marius s'était tu ; il avait les yeux fixes, semblant réfléchir ou se souvenir.

— A quoi penses-tu donc, Marius? dit Montagny en souriant, après un instant de silence.

Marius parut se réveiller.

— Je pense, dit-il, à quelque chose de fort extraordinaire que je vous demande la permission de vous raconter, car cela me semble furieusement nous concerner tous les quatre!

— Parle, Champagnac, nous t'écoutons, dirent à la fois Montagny, Dubodan et Saint-Jean.

Alors notre jeune Gascon, priant ses camarades de se rasseoir à ses côtés, leur fit part de ce qui suit :

— Mon père m'a bien souvent raconté l'histoire que je vais vous dire, et vous apprécierez l'étrange ressemblance qu'elle a avec la mienne et avec la vôtre.

Ce début eut l'avantage d'exciter la curiosité des trois camarades, qui prêtèrent avec soin l'oreille.

— Cela se passait il y a plus de deux cents ans, et c'est l'histoire de trois gentilshommes qui, aidés d'un cadet de Gascogne, eurent les aventures les plus étonnantes du monde et accomplirent des exploits merveilleux. Ils sauvèrent des plus grands dangers la reine Anne d'Autriche, ils entrèrent en lutte avec le puissant cardinal de Richelieu, et leurs intelligences réunies eurent raison de sa force, puisque le cardinal voulut se les attacher comme les plus braves du royaume. A eux quatre enfin, au siège de La Rochelle, ils prirent un bastion défendu par toute une armée.

Les voyageurs ouvraient de grands yeux. Il était certain que ce récit les intéressait vivement.

— Un bastion! murmura cependant Dubodan. Au fait, qu'est-ce que c'est que ça?

Mon père, qui est un ancien soldat, répondit Marius de Champagnac, m'a dit qu'un bastion était un petit carré de remparts où l'on pouvait se retrancher. Le bastion que prirent les braves dont je vous parle s'appelait le bastion Saint-Gervais. Les trois amis et leur compagnon avaient parié d'y aller déjeuner et d'y tenir une heure, montre en main.

— Et ils gagnèrent leur pari? interrompit encore Dubodan émerveillé.

— Parfaitement. Ils furent même assez beaux joueurs pour rester dans ce poste dangereux pendant près de deux heures.

— C'est admirable! dit Montagny.

— Enfin, ils sont allés en Angleterre et ils ont failli sauver le roi Charles Ier, auquel on allait couper la tête.

— Oh! fit Dubodan au comble de l'étonnement; est-ce que c'est vrai?

— Mais oui, à ce qu'on assure. Cette histoire merveilleuse a été écrite, me disait mon père, sous le titre de *Les Trois Mousquetaires*, par un grand romancier qui se nommait Alexandre Dumas.

Athos, Porthos, Aramis et d'Artagnan.

A ce moment le petit Saint-Jean dit avec douceur :

Mais, cher ami, je ne vois pas encore quel rapprochement vous pouvez faire de ces héros avec nous quatre. Je vous avoue que j'attends avec impatience un éclaircissement sur ce point.

— Eh bien ! écoutez donc ! reprit Champagnac. Le cadet de Gascogne, qui se nommait d'Artagnan, était né comme moi aux environs de Tarbes, et précisément dans ce château que vous avez devant les yeux ! Comme moi, il vint seul à Paris, muni de quelques conseils paternels, d'une lettre de recommandation et d'une bourse faiblement gonflée par les économies de madame sa mère. Il arriva monté sur un bidet du Béarn d'un poil étrange ; il était jaune de la queue à la tête, — jaune, complètement jaune, entendez-vous ?

— Comme ton sac, dit Saint-Jean, qui ne put s'empêcher de sourire.

— Oui, comme mon sac ; et ce bidet lui attira une terrible querelle, de même que mon sac a manqué de le faire. Sa lettre de recommandation lui a été dérobée comme la mienne. En arrivant chez M. de Tréville, qui était capitaine des mousquetaires du roi, il s'est pris d'abord de querelle avec un soldat nommé Porthos, célèbre par sa force ; ensuite avec un autre nommé Aramis, qui voulait être homme d'église et qui n'était mousquetaire qu'en attendant ; enfin, avec un digne gentilhomme du nom d'Athos, qui était blessé grièvement à l'épaule gauche, et qu'il heurta brutalement dans une course folle en quittant le cabinet de M. de Tréville pour courir après son voleur qu'il venait d'apercevoir dans la rue. Rappelez-vous maintenant mon arrivée au collège, ma première querelle avec Dubodan, ma seconde avec Saint-Jean, et le mal que je fis à Montagny en sortant du cabinet de M. Delormel pour courir après mon voleur, et vous commencerez à comprendre. Que vous dirai-je enfin ? Les trois mousquetaires lui donnèrent rendez-vous, à la même heure et dans le même endroit — j'allais dire dans la petite cour ! — et au moment où ils se trouvaient réunis des ennemis communs survinrent. Ceux-là c'étaient les gardes du cardinal de Richelieu. Ils étaient nombreux ; mais d'Artagnan, sans hésiter, se rangea du côté d'Athos, de Porthos et d'Aramis. Et ces trois ennemis devinrent, dès lors, d'inséparables amis jusqu'à la mort. Comprenez-vous enfin ?

Certes, ils comprenaient, et leur esprit étonné de ces ressemblances successives évoquait les ombres des trois mousquetaires et du cadet de Gascogne.

— Eh bien ! s'écria Marius de Champagnac avec une expansion joyeuse, Porthos, n'est-ce pas toi, Dubodan ? Aramis, n'est-ce pas toi, Saint-Jean ? Et Athos, n'est-ce pas Montagny ? Quant à d'Artagnan...

— C'est Marius de Champagnac ! répondirent en même temps et avec une égale conviction les trois amis en serrant, très émus, les deux mains que le jeune Gascon leur tendait.

— Nous avons donc recommencé à nous quatre l'histoire des trois mousquetaires et de leur ami. Pourquoi ne la continuerions-nous pas ? Déjà nous avons eu des aventures assez étranges pour de jeunes collégiens comme nous. Qui sait ce que l'avenir nous réserve ? Il est vrai que, selon toute probabilité, nous n'aurons à sauver ni une reine de France ni un roi d'Angleterre ; mais il est d'autres faits remarquables auxquels nous pouvons prétendre...

— Quand ce ne serait que l'affaire du bastion ! dit Montagny.

— En effet, puisque nous devons tous être soldats, comme les mousquetaires, ajouta Dubodan.

Et le petit Saint-Jean, ne démentant pas cette fois la prédiction de Léon Dubodan, se contenta de rappeler, à l'étonnement général, la coïncidence bizarre qui leur avait fait adopter à tous les quatre, et sans s'être donné le mot, le même costume de mousquetaire au bal masqué donné à l'hôtel de Saint-Jean.

Après les singuliers souvenirs évoqués par Marius de Champagnac, les quatre voyageurs se remirent en route, très pensifs, songeant au récit de leur ami, — récit qui devait avoir sur leur vie une influence prépondérante.

Ils arrivèrent ainsi à Vic-en-Bigorre, où ils soupèrent et où ils couchèrent.

Le lendemain, comme ils étaient partis après avoir déjeuné, ayant hâte d'arriver, ils traversèrent le village de Pujo sans s'y arrêter, et gagnèrent Andrest d'une seule traite.

Dans la cour de l'auberge où ils s'étaient arrêtés, un jeune garçon essayait de monter un mulet rétif qui, de temps en temps, envoyait son cavalier rouler dans la poussière.

Des gens regardaient ce spectacle, à la porte de la cour des passants stationnaient; parmi ces derniers, un homme, un paquet sur l'épaule, semblait s'être arrêté plutôt pour se reposer d'une longue trotte que par curiosité.

Sa figure était triste et fatiguée, et son attention se portait évidemment ailleurs. Cependant, à une nouvelle reprise du cavalier qui, démonté une fois de plus, se remettait en selle avec hésitation, au milieu des cris excitants des spectateurs, cet homme ne put s'empêcher de proférer cette phrase proverbiale dans le pays :

« Espie! qu'a meï de pou qué de bisé. »

Ces mots, prononcés à haute voix derrière les collégiens, firent tressaillir Marius.

— Qu'y a-t-il? lui demanda Montagny,

Et Saint-Jean ajouta :

— Qu'est-ce que cet homme vient de dire?

— Oh! une chose insignifiante, répondit Champagnac, il a dit : « Regardez, il a plus de peur que de confiance! » Ce n'est pas cela qui m'a ému, c'est le son de sa voix que j'ai cru reconnaître.

Et, se tournant du côté d'où était venue la voix, il rencontra les regards du voyageur qui se fixaient obstinément sur lui.

Il y eut un silence.

Puis, l'homme s'avança, la main au chapeau.

— Pascalon! s'écria Champagnac.

— Le garçon de cour du collège! dirent en même temps, fort surpris, Montagny, Dubodan et Saint-Jean.

— Oui, messieurs, c'est moi-même! répondit le brave Pascalon, qui se rappelait avoir jadis, dans une occasion mystérieuse, servi de facteur extraordinaire entre les collégiens.

Un sourire rapide éclaira son visage, qui bientôt reprit sa tristesse. Et Pascalon restait sans rien dire devant les jeunes gens qui l'observaient.

— Mais qu'avez-vous donc, Pascalon? finit par demander Champagnac. Pourquoi avez-vous l'air si triste?

Les yeux de Pascalon se remplirent de larmes.

Pascalon soupira.

— Ah! dit-il, c'est qu'un malheur vient de me surprendre...

— Un malheur?

— Oui, un grand malheur!

— Venez vous reposer un instant dans l'auberge et contez-nous vos peines, dit alors Georges de Montagny, peut-être pourrons-nous vous consoler.

Tout en faisant un geste de doute, Pascalon suivit les collégiens.

— Parlez maintenant! dit Montagny dès qu'ils furent installés dans la salle.

— Voici l'histoire, et elle n'est pas longue, dit alors Pascalon. J'avais voulu profiter des vacances pour rapporter quelques petites économies chez nous, au pays...

— A Marcadieu! murmura, en interrompant, Marius, dont les yeux brillèrent tout à coup d'un éclat étrange.

Les trois autres collégiens regardèrent Marius.

Ce nom de Marcadieu, ils l'avaient entendu dans une circonstance dont ils se souvenaient encore.

Pascalon avait repris.

— Oui, à Marcadieu, où j'avais laissé une vieille mère et une petite fille...

— Ah! fit Dubodan de sa grosse voix, ce serait...

Mais ses amis l'interrompirent, voulant laisser Pascalon s'expliquer.

Celui-ci continua :

— En arrivant là-bas, j'appris que la vieille mère avait jugé utile d'aller se mettre en place pour quelque temps, emmenant la petite. Je demandai tout de suite l'endroit où elles étaient, pour venir les retrouver; mais alors je vis les voisins hésiter à me répondre, feignant de ne pas savoir. Une peur me saisit, et comme on vit que l'incertitude me ferait plus de mal que la vérité, on se décida à m'avouer que le pays où devaient être ma mère et ma petite fille venait d'être inondé...

— Mais ce pays, c'était les Trois-Maisons! ne put s'empêcher de crier Dubodan.

Comme Pascalon s'arrêtait pour interroger l'interrupteur, les autres collégiens lui dirent fiévreusement :

— Continuez! Pascalon, continuez!

— Eh bien, oui, c'était les Trois-Maisons; oui, les Trois-Maisons, dit Pascalon, dont les yeux s'emplirent de grosses larmes, les Trois-Maisons où tout a été détruit, et où je ne retrouverai pas, sans doute, ma vieille mère, où je ne retrouverai pas ma petite...

— Ninie! dit encore brusquement, gaiement, joyeusement Léon.

Enfin, Montagny se leva et fit rasseoir Pascalon.

— Où sont-elles? où sont-elles? demandait-il.

— En sûreté, n'ayez crainte, et bien portantes. Voici M. de Champagnac qui a sauvé votre mère, et c'est à nous quatre que le hasard a confié votre fille.

Pascalon écoutait, ne croyant pas encore, mais les autres collégiens enchérirent sur l'affirmation de Montagny.

Il fallut expliquer au père de Ninie les aventures des journées passées et le dévouement de Marius.

— Ah! monsieur Marius! murmurait le brave homme, ah! mes bons messieurs! quel bonheur! que vous êtes bons! comment faire pour vous remercier!...

— Allez vite à Laas, répondit Montagny en souriant, et embrassez pour nous votre petite Ninie; vous n'avez rien de mieux à faire maintenant.

— Ah! oui, j'y vais! Ah! oui, j'y cours! Et merci, messieurs, encore une fois merci!

Les quatre amis, émus de cette joie qui leur faisait une douce récompense, regardaient Pascalon remettre son paquet sur son épaule et prendre le chemin de la cour.

Tout à coup ils le virent s'arrêter, comme hésitant, puis revenir sur ses pas.

Il se dirigeait vers Marius.

Celui-ci, surpris, attendit.

— Monsieur Marius, dit Pascalon après un moment, en passant à Tarbes, j'ai eu des nouvelles de madame votre mère.

Marius fut saisi d'une subite inquiétude :

— De quel ton me dites-vous cela!... Ces nouvelles sont donc mauvaises?... Ma mère serait-elle...

— Non! non, ne craignez rien, monsieur Marius. Il n'est pas arrivé malheur chez vous; seulement...

— Seulement?

— Eh bien, Mme Champagnac, depuis quelque temps, est devenue triste, son caractère s'est assombri ; elle ne parle plus à personne, à ce que m'ont raconté des voisins de votre maison, qui sont des amis à moi. Et cela coïncide avec le commencement des vacances. Quand elle a vu revenir les enfants des autres et qu'elle ne vous a pas vu, vous, elle a été prise d'une grande peine, comme d'une faiblesse. Tous les soirs, à quatre heures, elle va s'asseoir dans le jardin, tout près d'une petite porte et, là, elle semble attendre quelqu'un. Puis on la voit pleurer, et il faut que M. de Champagnac vienne la consoler et la fasse rentrer au logis. Voilà ce que je sais et je voulais vous en prévenir.

Marius, pendant ce récit, était devenu pâle et sérieux, et ses paupières tâchaient de retenir de grosses larmes toutes prêtes à rouler sur ses joues.

— Pauvre maman ! pauvre maman ! murmura-t-il d'une voix angoissée. Elle est donc bien malade ?...

— Mais non, monsieur Marius, reprit simplement Pastalon, elle n'est pas malade ; elle est seulement tout endolorie de votre absence.

Mme de Champagnac ne pouvait pas savoir son petit Marius si près d'elle. Marius ne devait pas revenir pendant ces vacances. Sa dernière lettre était datée d'Arcachon, elle ne donnait point le moindre indice de son projet.

Montagny, Dubodan et Saint-Jean cherchaient dans leur esprit ce qui pourrait consoler leur ami.

Le premier prit tout à coup une résolution :

— Eh bien, ami Champagnac, dit-il en prenant une voix assurée, ce que t'apprend Pascalon te prouve qu'il n'y a pas une minute à perdre. En route donc pour chez toi !

Marius réfléchissait.

— Non, murmura-t-il, en partant à présent nous arriverions à Tarbes trop tard.

— Que veux-tu dire ?

— J'ai une idée que je vous communiquerai demain et que vous approuverez, j'en suis sûr. Restons ici ce soir, et ne partons qu'au matin. Voulez-vous ?

Cette fois, c'en était trop, Pascalon avait laissé passer les autres interruptions du collégien sans y attacher un sens important ; mais le nom qui venait d'être prononcé rattachait ses idées, raccordait ses souvenirs.

Se dressant tout à coup, il saisit d'une main nerveuse le collégien au collet et le regardant dans les yeux il murmura :

— Mais vous les connaissez donc?...

Et il secouait sans s'en rendre compte le brave Dubodan dans une émotion nerveuse.

Les autres collégiens se taisaient, ne sachant ce qu'il fallait faire.

— Qu'il soit fait comme tu le désires, répondirent les trois collégiens.

Pascalon tournait son chapeau entre ses doigts :

— Est-ce que j'ai eu tort de dire ça à M. Marius? dit-il tout bas, embarrassé, à Montagny.

— Non, mon ami, vous avez fort bien agi en nous prévenant.

— Alors je puis m'en aller?

— Assurément ; allez à Laas.

Pascalon remercia une dernière fois du fond du cœur les collégiens et s'éloigna pendant que Dubodan lui criait :

— Surtout embrassez Mlle Ninie pour moi !

Marius de Champagnac restait accoudé sur la table, toujours anxieux et pensif.

Ses amis respectèrent le secret de ses pensées jusqu'à l'heure du dîner, qui fut silencieux.

On monta se coucher en se promettant d'être sur pied de bonne heure.

Marius ne dormit pas beaucoup cette nuit-là. Il voyait sa pauvre mère très malade, très changée ; il craignait que Pascalon ne lui eût déguisé la vérité.

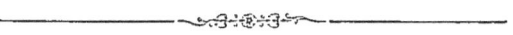

CHAPITRE XXIV

Bonjour, petite mère!...

Une dizaine de kilomètres séparaient seulement de Tarbes le village d'Andrest. C'était presque une promenade que les quatre amis pouvaient faire en trois ou quatre heures.

Montagny, Dubodan et Saint-Jean se pressaient, croyant être agréables à Marius, et celui-ci, au contraire, ralentissait le pas, arrêtait ses compagnons, voulait se reposer, prétextant la fatigue.

Sans comprendre, les collégiens obéissaient. Cependant ils avançaient.

Soudain, au tournant d'une route, entre des champs bordés d'arbres, une ville apparut à leurs yeux.

Marius étendit le bras et ne put dire que ce mot :

— Tarbes !

Ses trois compagnons restaient immobiles, ouvrant leurs yeux, aspirant l'air, satisfaits d'avoir accompli un aussi long voyage et heureux pour leur ami Marius.

— Eh bien, qu'attendons-nous ? dit Dubodan à Champagnac, en avant ! Dans quelques minutes, tu embrasseras ta maman.

Marius, les mains au-dessus des yeux, lisait l'heure à l'horloge d'un clocher.

— Non, dit-il doucement, reposons-nous un peu.

Très étonnés, les collégiens s'assirent auprès du jeune Gascon sur le bord du chemin.

Des voix de jeunes filles, au loin, s'élevaient.

Marius tendit l'oreille et son visage s'éclaira.

— Qu'est-ce qu'elles chantent? demanda Saint-Jean en cherchant à comprendre.

— La chanson des Moissons, dit Marius ; une vieille chanson, vieille, bien vieille, transmise de génération en génération, car la musique est, paraît-il, originaire de la Grèce antique et les paroles sont d'une langue issue du grec et du latin.

— C'est drôle, murmura Dubodan.

Les chanteuses approchaient.

Une voix seule, très jeunette, très claire, très gaie, se faisait entendre :

> *Jou bèn sabi qui ey l'aouejado (bis),*
> *La Marioun et jou tabé,*
> *Bel sourcilloun au couchadé !*
> *Oh ! hoou ! sourcilloun bei,*
> *Ja bère pauso qu'ès llcouat !*

— Que dit la chanteuse ? demanda Montagny à Champagnac, qui semblait très impressionné.

Et Marius, répondant à son ami, traduisit les paroles entendues :

> *Moi je sais bien quelle est l'ennuyée,*
> *Marion et moi aussi,*
> *Beau soleil, à ton coucher !*
> *Oh ! oh ! va, beau soleil,*
> *Il y a longtemps que tu es levé !*

A ce moment, Marius posa la main sur le bras de Montagny.

— Oh ! fit-il, je connais cette voix !

Puis écoutant encore, il s'écria :

— C'est la voix de Marion !

Les collégiens, avec curiosité, se levèrent. Ils savaient que Marion était la cousine de Champagnac.

Au même instant, une troupe de fillettes arrivait en tournant. En tête marchait une petite fille, très coquettement habillée, très brune et très jolie sous son large chapeau de paille. Ses compagnes s'étaient tues pour la laisser chanter seule.

Marius, d'un pas, fut au milieu du chemin.

A la vue de ce jeune garçon et de ses trois compagnons, les fillettes effarouchées s'enfuirent comme une volée de pinsons.

Une seule demeura, plus hardie, regardant fixement Marius, qui la regardait, lui aussi, avec un bon sourire.

— Ah! s'écria-t-elle en rejetant en arrière son chapeau de paille pour que Marius pût l'embrasser. Ah! c'est toi? toi, Marius!

— Oui, Marion, oui, c'est moi! murmurait Marius.

— Oh! que je suis contente de te revoir! disait Marion, mais c'est ta maman qui va être heureuse!

— Ma mère? dit vivement Marius.

— Mais oui, ta pauvre mère, qui, n'espérant pas te voir pendant ces vacances, en est devenue presque malade!

— Très malade?

— Oh! non; dès qu'elle te verra, elle sera guérie!

— Bien vrai?

— Ah! bien vrai!

Pascalon ne s'était donc pas trompé, et Mme de Champagnac n'était, selon son expression, qu'endolorie par l'absence de son petit Marius.

Mais il fallait la guérir, et la guérir d'un seul coup. Voilà ce que Marius s'était dit. Voilà à quoi il avait songé depuis la veille.

Il reporta ses regards vers l'horloge du clocher.

L'aiguille marquait quatre heures.

— Il est temps! dit-il à ses amis d'un ton singulier. Allons!

— Nous apprendras-tu maintenant, demanda Montagny à Marius, ce que tu attendais?

— Oui, répondit doucement Marius, j'attendais qu'il fût quatre heures.
— Pourquoi? fit Dubodan, qui ne devinait pas.
— Parce que c'est l'heure où jadis je revenais de l'école, et où ma mère allait m'attendre dans le jardin auprès de la petite porte.
— Comme elle le fait encore maintenant, ajouta Marion.

Et les trois compagnons de Champagnac se rappelèrent les paroles de Pascalon, et ils comprirent l'idée charmante qui inspirait Champagnac.

Pour arriver à la maisonnette de M. et de Mme de Champagnac, que Marius avait autrefois décoré du nom pompeux de château, on devait suivre un petit chemin creux. Au bout s'étendait la route de l'école qui passait derrière le jardin.

L'émotion de Marius avait gagné ses compagnons. Ainsi que Marion ils restaient silencieux, et instinctivement marchaient sur la pointe du pied.

Ils comprenaient maintenant le projet de Marius.

Soudain, le jeune garçon s'arrêta.

— C'est là! dit-il très oppressé. Restez à cet endroit, mes chers amis, il faut que j'arrive seul.

Les collégiens et Marion obéirent.

Alors, Marius de Champagnac se mit à marcher de son pas habituel sur le chemin désert, et, de ses lèvres sortirent les premiers vers de cette chanson que Marion venaide lui rappeler :

Jou bén sabi qui ey l'aouejado,
La Marioun et jou tabé...

Mme de Champagnac, la digne mère de Marius, était venue, comme à son habitude, poussée par une force qu'elle ne s'expliquait pas, sous le berceau plein d'ombre, s'accolant à la route par où son petit Marius revenait de l'école les années d'autrefois.

Quatre heures avaient sonné aux horloges de la ville.

Elle pensait, la mère attristée, que Marius ne reviendrait pas encore ce jour-là !

Il lui sembla entendre la petite porte s'ouvrir.

Tout à coup, elle entendit un pas qui résonnait sur le chemin où personne ne passait d'habitude à cette heure.

Elle tressaillit.

Puis, une voix vibrante parvint à ses oreilles.

Cette voix! Il lui semblait... Mais c'était impossible... et cependant...

Assurément, elle était le jouet d'une cruelle illusion. Comment? Par quel prodige Marius serait-il là, si près d'elle?

Et, comme elle allait se lever, elle se rassit, fermant les yeux, voulant reprendre ses esprits, cherchant à revenir à la triste réalité.

Alors, il lui sembla entendre la petite porte s'ouvrir, et comme elle n'essayait pas de rouvrir les yeux, elle sentit deux bras se glisser autour de son cou, en même temps qu'une voix bien connue, bien chère, bien aimée, lui disait, tout émue, toute caressante :

— Bonjour, petite mère!

Celle qui venait d'être nommée de ce doux nom, entendant cette voix, sentant cette caresse du jeune garçon qui se tenait devant elle, presque agenouillé maintenant pour que les regards maternels pussent descendre droit sur son visage, devint profondément pâle.

Un tremblement agita ses mains, qu'elle posait avec crainte sur le visage de celui qui venait de parler, comme si elle eût voulu le reconnaître au toucher, et, d'une voix alarmée, elle murmura :

— Marius... mon enfant... est-ce toi qui es là? Est-ce toi que je touche?... ou suis-je encore le jouet d'un rêve?... Marius... parle, parle-moi... je ne veux pas ouvrir les yeux avant d'avoir entendu ta voix... j'ai trop peur de me tromper!...

Et Marius, à genoux, répondit :

— Mais oui... c'est moi!... moi, ton petit Marius!... n'aie pas peur, petite mère, et ouvre les yeux à présent!...

Un sourire de joie indicible illumina la figure de Mme de Champagnac.

Elle croyait, elle était sûre de la réalité.

Alors, Mme de Champagnac ouvrit les yeux, comme le voulait Marius, et elle regarda longtemps, longtemps, son enfant bien-aimé.

Elle ne demandait rien. Elle n'avait pas besoin d'explications. Que lui importait de savoir comment Marius était venu là? Elle avait son fils auprès d'elle, le reste lui était indifférent.

Mais il n'en était pas de même pour tout le monde dans la maison.

Soudain une voix mâle s'éleva derrière le groupe formé par la mère et l'enfant. Et, avec un accent à la fois étonné, ému et grondeur, cette voix disait :

— Comment mon fils, Marius de Champagnac, se trouve-t-il ici? Qui lui a permis de venir et de quelles ressources a-t-il disposé pour cela? Voilà ce que je serais fort curieux de connaître!

Marius, aux premiers mots se leva pour sauter au cou de son père, mais la suite le confondit, l'inquiéta et il s'arrêta dans son élan :

— Père, je vais te dire...

Mais, comme il cherchait sa phrase, M. de Champagnac reprit d'un ton sévère :

— Allons, vous aurez encore commis quelque méchante équipée ! Vous vous êtes peut-être enfui du collège ! Ah ! vous me rendez bien malheureux !

— Mais non, père, je t'assure que tu te trompes ! s'écria Marius avec la conviction de son innocence.

— Tu m'assures... tu m'assures... dit M. de Champagnac, un peu ébranlé par cet accent sincère, mais qui me prouvera que tu ne me trompes pas?...

— Nous, monsieur ! dit au même moment Georges de Montagny, paraissant à la porte du jardin, entre ses amis Saint-Jean et Dubodan, derrière laquelle se dissimulait la petite Mariette.

Très surpris de cette soudaine intervention, M. de Champagnac se retourna brusquement :

— Qui, vous? dit-il.

Les trois collégiens s'étaient découverts très respectueusement.

Montagny s'avança :

— Pardonnez-nous d'abord, monsieur, de vous avoir entendu, presque écoulé de la route. Nous ne pensions pas alors aux soupçons que vous pouviez avoir sur la conduite de Marius, qu'il est de notre devoir maintenant de disculper.

— Mais qui êtes-vous donc ? s'écria avec emportement M. de Champagnac.

Devant cette colère, les collégiens allaient se retirer ; mais Marius, ne pouvant se contenir davantage, s'élança vers son père, lui prit la main malgré lui, et dit rapidement :

— Père, celui qui te parle, c'est Georges de Montagny !

— Georges de Montagny ! répétèrent en même temps M. et Mme de Champagnac, profondément émus.

— Oui, continua Marius, en parlant bas à son père, c'est lui, et tu sais ce que je lui dois !... Ses deux amis qui l'accompagnent sont aussi les miens, reprit-il tout haut, je vous ai assez parlé d'eux dans mes lettres : voici Paul de Saint-Jean, voici Léon Dubodan.

Marius disait vrai et M. et Mme de Champagnac connaissaient déjà les amis de leurs fils et savaient le généreux dévouement de Montagny.

M. de Champagnac se consulta d'un coup d'œil avec sa femme ; puis s'avançant vers Montagny, il lui prit les mains, et, sans rien dire, il les lui pressa avec une force dont le collégien comprit l'éloquente signification.

Il donna également une chaude poignée de main à Saint-Jean et à Dubodan et pinça doucement la joue rose de la petite Marion qu'il venait d'apercevoir, en l'appelant : « Petite curieuse. »

Mme de Champagnac embrassa les trois collégiens et mit une bonne partie de son cœur dans le baiser qu'elle donna à Montagny. On sait pourquoi.

ÉPILOGUE

Logiquement les quatre petits voyageurs durent raconter dans la soirée à M. et à Mme de Champagnac leur départ d'Arcachon, les incidents du chemin et le but charmant de leur voyage.

M. et Mme de Champagnac ne s'étonnaient pas trop de la liberté laissée aux quatre collégiens, car Montagny leur avait confié en secret le rôle joué par le brave Mathieu.

Mais une surprise attendait le lendemain les quatre collégiens aussi bien que M. et Mme de Champagnac. Cette surprise, ce fut l'arrivée de l'oncle de Georges, suivi du fidèle Mathieu, de M. et de Mme de Saint-Jean et de M. et de Mme Dubodan.

Mathieu, suivant les ordres de M. de Montagny, avait prévenu tout le monde, et les pères et les mères venaient embrasser les petits voyageurs, et demander pour quelques jours à M. et à Mme de Champagnac une hospitalité qui leur fut offerte avec une vive joie et une profonde gratitude.

Par Mathieu, on sut que le voleur — le fameux voleur de Marius — était cette fois bien gardé ; que les insolents cantonniers avaient reçu une verte semonce de leur chef ; que la mère de Pascalon et sa petite Ninie étaient en sûreté ; que le sort de Joseph Casade avait heureusement changé et, enfin, que Grégory, Garcias et Régis ne couraient plus le risque d'être brûlés vifs !

Et comme M. de Champagnac père se montrait réellement étonné des événements et des aventures par lesquels, depuis quelques mois, son fils avait passé, il lui tira paternellement l'oreille en murmurant, non sans une certaine satisfaction :

— Ah ! cadet de Gascogne, tu es bien du pays de d'Artagnan !

En entendant ce nom, Marius de Champagnac regarda Georges de Montagny, Paul de Saint-Jean et Léon Dubodan.

Et, sans que les parents pussent en comprendre le motif, un sourire gai et malicieux éclaira les figures des trois petits mousquetaires.

TABLE DES MATIÈRES

Chapitres		Pages
I.	Les adieux de M. de Champagnac père et le sac de voyage de Mme de Champagnac.	3
II.	L'antichambre de M. Delormel.	9
III.	L'épaule de Montagny et le voleur de Marius.	19
IV.	La petite cour.	31
V.	Les quatre vocations.	41
VI.	A l'étude.	51
VII.	Marius de Champagnac au cachot.	63
VIII.	Comment Marius de Champagnac fut joué à pile ou face.	71
IX.	Comment Marius de Champagnac fut conduit chez le commissaire de police.	79
X.	Les ânes de Montmorency.	101
XI.	Les Vacances de fin d'année.	115
XII.	Arcachon.	127
XIII.	En voyage.	135
XIV.	Le caillou de Champagnac.	141
XV.	Les cantonniers, l'aubergiste et les gendarmes.	147
XVI.	Le vol et l'évasion.	157
XVII.	La poursuite.	165
XVIII.	L'arrestation.	177
XIX.	Le torrent.	188
XX.	Une étrange aventure.	197
XXI.	Le petit vin de Miélan.	209
XXII.	L'incendie.	217
XXIII.	Les trois mousquetaires.	225
XXIV.	Bonjour, petite mère.	239
	Épilogue.	251

www.ingramcontent.com/pod-product-compliance
Lightning Source LLC
Chambersburg PA
CBHW050333170426
43200CB00009BA/1578